新时代 新地标

中华地标品牌探索与发展

李 涛·著

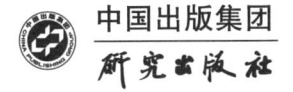

中国出版集团
研究出版社

图书在版编目(CIP)数据

新时代　新地标：中华地标品牌探索与发展 / 李涛著. -- 北京：研究出版社, 2019.12
ISBN 978-7-5199-0827-0

Ⅰ.①新… Ⅱ.①李… Ⅲ.①地理－标志－研究－中国 Ⅳ.① F760.5

中国版本图书馆 CIP 数据核字(2019)第 289379 号

出 品 人：赵卜慧
责任编辑：张立明

新时代　新地标——中华地标品牌探索与发展
XINSHIDAI XINDIBIAO—ZHONGHUA DIBIAO PINPAI TANSUO YU FAZHAN

作　者	李　涛 著
出版发行	研究出版社
地　　址	北京市朝阳区安定门外安华里 504 号 A 座（100011）
电　　话	010-64217619　　　64217612（发行中心）
网　　址	http://www.yanjiuchubanshe.com
经　　销	新华书店
印　　刷	河北赛文印刷有限公司
版　　次	2020 年 4 月第 1 版　　2020 年 4 月第 1 次印刷
开　　本	710 毫米 ×1000 毫米　1/16
印　　张	12.5
字　　数	131 千字
书　　号	ISBN 978-7-5199-0827-0
定　　价	58.00 元

版权所有，翻印必究；未经许可，不得转载

李　涛　博士，中华社会文化发展基金会执行副秘书长兼地标产业发展公益基金办公室主任，中国农业科学院农业遗产研究室客座教授，南京农业大学中国地标文化研究中心副主任，中华地标品牌振兴计划办公室主任，北京电视台《解码中华地标》栏目总策划。主要从事中国地理标志产业、文化、品牌，经济等相关方面的研究工作，长期关注区域公用品牌发展。代表作品有北京电视台《解码中华地标》栏目；《解码中国农业地标文化》《中国地理标志品牌发展报告》等专著。

序

习近平总书记强调：中华文化是我们民族的"根"和"魂"。一个国家、一个民族的强盛，总是以文化的兴盛为支撑。中华民族的伟大复兴需要以中华文化发展繁荣为条件，必须大力弘扬中华优秀传统文化，中国进入了以文化促产业升级、产业发展的大时代。与此同时，世界经济的发展已经由资源型经济逐步向品牌经济转变，品牌经济在各国经济中所扮演的角色越来越重要，中国已经成为全球第二大经济体，树立地理标志品牌，是中国品牌经济发展的可行道路。中华地标是农业地标、工业地标、文化地标品牌的集中反映，是中华民族优秀文化的最佳体现。中国地理标志事业的发展走进新时代，需正视新矛盾，顺应新要求，担当新使命。

中国特色社会主义进入新时代，满足人民日益增长的美好生活需要，地理标志产品、地理标志产业责无旁贷、重任在肩。中华地标品牌以满足人民日益增长的美好生活需要为导向，科学统筹品牌生产、品牌创设、品牌传播、品牌销售、品牌保护等各产业、各链条工作环节，整合动员行政、市场、公益、学术、传媒等各层级、各方面的优质资源，发挥好扶持带动效应、引导示范效应、孵化催化效应，努力实现中华地标品牌建设从认定到认同、从监管到服务、从散点到平台、从国内到国际、从资源到资本的五大根本转变，培育一批具有较高知名度、美誉度和较强市场竞争力的国际地标品牌。

《新时代 新地标——中华地标品牌探索与发展》一书从理论研究入手，科学解析地理标志的由来、发展现状以及在实践中的矛盾点；以创新性的研究对农业地标、工业地标和文化地标进行厘清；着重应用操作，细致介绍了中华地标品牌实施路径，并对地理标志产业精准扶贫研究开展了探讨；最后，对地理标志品牌进行了回顾和展望，并详细介绍了中国地理标志品牌的发展趋势。

《新时代 新地标——中华地标品牌探索与发展》一书的出版发行恰逢其时，纵观国际，在经历了制造兴国、技术兴国的阶段之后，均走入了品牌强国之路。该书具有较高的理论价值和参考价值，其主要特色有两点：一是创新性，该书是理论联系实践的产物，跨学科、多角度、全方位地分析中华地标品牌的发展与愿景，填补了国内同领域研究的空白；二是参考意义，该书运用大量数据做支撑，进行宏观研究，既有定性分析又有定量分析，以问题为导向，尊重知识、崇尚创新，是新时代发展地理标志品牌理论研究的科学成果。

袁彦鹏
原中央纪委驻人力资源和社会保障部纪检组组长、党组成员
2019年12月

前　言

改革开放四十年来，中国人民用双手书写了国家和民族发展的壮丽史诗，极大地促进了人类和平与发展的崇高事业。中国的地理标志产业发展及管理服务事业，是中国改革开放敞开胸襟、拥抱世界的产物，同时又有力促进了改革开放的伟大历史进程，见证了中国深化改革、扩大开放、推动创新的伟大社会变革。可以说，中国地理标志产业的发展历史，就是一部改革开放的历史；中国地理标志产业在新时代的发展壮大，前途命运更是取决于进一步的改革开放。

中国特色社会主义进入新时代，满足人民日益增长的美好生活需要，地理标志产品、地理标志产业责无旁贷、重任在肩。历史的经验需要系统总结，当前的发展需要大胆创新，未来的路径需要科学洞见。因此，全方位、多维化、多视角地观照地理标志这项事业需要梳理历史脉络，展现发展画卷，同时更需要向国际国内社会讲好中国地理标志文化事故，为社会、国家、世界贡献出更多更好的中国地理标志话语、中国地理标志发展方案。

本书将以"中华地标"品牌为基本坐标，展开思考：关于"地理标志"（Geographical Indication）的传统表达方式必须敬畏和尊重；同时，关于"地域标志"（Regional Indication）的观察与思考也应该同步进行。

"中华地标"品牌是地理标志特色文化的精华集萃和优秀代表，是中国文化的国际化书写符号和综合载体，是促进国际文化交流和人类文明互鉴的重要使者。"中华地标"品牌应该有恢弘的叙事架构和宽广的探讨方向，鉴于此，本书的研究对象包括（但不限于）下列国家级目录：

1. 中国国家地理标志保护产品（原质监总局，PGI）；

2. 中国地理标志证明商标（原工商总局商标局，GI）；

3. 中国农产品地理标志（原农业部，AGI）；

4. 中国的世界级自然与文化遗产；

5. 中国的世界级非物质文化遗产；

6. 中国的全球重要农业文化遗产（联合国粮农组织，GIAHS）；

7. 中国国家级非物质文化遗产（原文化部）；

8. 国家级珍贵文物（国家文物局）；

9. 全国重点文物保护单位（国家文物局）；

10. 中华老字号（商务部）；

11. 中国驰名商标（原国家工商总局商标局、最高人民法院）；

12. 中国工业遗产保护名录（工信部）；

13. 中国重要农业文化遗产（原农业部）；

14. 国家AAAAA级景区（原国家旅游局）；

15. 全国红色旅游经典景区（国家发改委等14个中央和国家

部委）；

16. 中国历史文化名城和名镇、名村（建设部）；

17. 华人在世界各地拼搏奋斗形成的中华文化和物质文明的标志性成果。

本书希望能在两个问题上的研究与阐述为读者提供参考。一是在"地理标志"的基础上适当扩容，能否兼容"地域标志"；二是研究"地理标志产品"与"地理标志品牌"的联系与区别。

在新时代，中国地理标志事业必将继续飞速发展，理论的滞后和自治的困难也会不断出现。但正如习近平总书记所说的那样，"这些困难是发展中的困难、前进中的问题、成长中的烦恼，一定能在发展中得到解决。"（习近平《在民营企业座谈会上的讲话》，2018年11月1日）

本书研究所述所引内容及数据，截至2019年11月6日。

目 录

序 / 袁彦鹏

前 言

序 章 / 001

一、习近平总书记有关中国地理标志发展的语录 / 009

二、全球暨中国地理标志基本数据 / 021

三、地理标志产品与健康中国 / 022

四、国家实施"地理标志农产品保护工程" / 023

五、发展地理标志是落实习近平"两山理论"的伟大实践 / 023

第一章 地理标志是什么 / 025

一、世界知识产权组织、世界贸易组织定义 / 025

二、国际上保护地理标志的重要模式 / 027

三、中国政府对地理标志的定义与保护简述 / 028

四、地理标志产品的十大特征 / 042

第二章　中国古代贡品与地理标志产品 / 046

一、世界上最早的地理标志理论著作——《尚书·禹贡》/ 046

二、中国古籍经典中关于贡品制度的记载 / 048

三、中国古代贡品品类案例分析 / 051

四、从朝廷贡品到当代地理标志品牌 / 055

第三章　新地标——中华地标品牌的基本框架 / 058

一、新时代，新使命——从地标产品到中华地标品牌 / 058

二、国家战略之下的中国品牌建设 / 060

三、中华地标品牌的基本框架 / 064

第四章　农业地标品牌 / 066

一、打造农业地标品牌的重要意义 / 066

二、农业地标品牌案例——老山石斛 / 069

三、我国重要农业地标品牌分析 / 070

第五章　工业地标品牌 / 085

一、中国制造能力世界第一 / 085

二、工业品能否算是地理标志品牌 / 086

三、中国工业地标品牌案例分析 / 090

第六章　文化地标品牌 / 101

一、杨柳青年画 / 103

二、中医药 / 104

目 录

三、吉林雾凇 / 107

第七章　中华地标品牌发展实施路径探索 / 111
　　一、工作目标 / 111
　　二、中华地标品牌工作团队与国家地理标志管理机构的区别 / 112
　　三、在实施路径中的各方面探索 / 113

第八章　地理标志产业扶贫理论研究 / 130
　　一、相关概念界定 / 130
　　二、地理标志扶贫的价值与意义 / 131
　　三、地理标志扶贫典型案例遴选标准 / 135
　　四、地理标志精准扶贫典型案例——龙胜各族自治县 / 137
　　五、成果展现形式 / 147

第九章　中华地标品牌：回顾与展望 / 149
　　一、开发地理标志产品、打造地理标志品牌的重要意义 / 149
　　二、国际国内地理标志品牌的现状及存在的主要问题 / 156
　　三、对打造中国地理标志品牌的建议 / 159

第十章　中国地理标志品牌发展的十大趋势 / 166
　　一、地理标志品牌将继续成为带动区域经济发展的抓手 / 166
　　二、地理标志品牌将带动农民增收、农业增效与农村繁荣 / 168

三、地理标志品牌将扮演国际贸易谈判的重要利益工具 / 169

四、地理标志品牌将有利于地理标志资源的共享与保护 / 170

五、地理标志品牌将有利于优秀传统文化的传承与发扬 / 171

六、地理标志品牌将更加重视市场体系建设与国际推广 / 172

七、地理标志品牌将促进地理标志保护模式的融合发展 / 173

八、地理标志品牌将突破现有地理标志产品认证范畴 / 174

九、地理标志品牌将强化地方政府扶持及行业协会作用 / 175

十、地理标志品牌将依托保护基金等社会力量扩大影响 / 176

结语 / 177

主要参考文献目录 / 178

后　记 / 184

序 章

地理标志概念近代源于法国，最先运用于欧洲，先后由世界知识产权组织、联合国粮农组织、世界WTO组织负责开展相关工作。自20世纪80年代，我国开始关注并引进这一概念，于90年代开展此项工作，分别由原农业部、原国家质检总局、原国家工商总局负责地理标志的认证、保护、注册等有关工作。纵观国际国内无论是《巴黎公约》《里斯本协定》还是中国的《商标法》《农产品地理标志管理办法》《地理标志产品保护规定》等相关法律法规都明确地对地理标志进行着保护与管理。

地理标志与非物质文化遗产、良好农业规范认证等同属国际通用概念，具有国际统一的概念标准。比如：中华老字号、绿色食品、无公害食品等均属于我国内的优秀品牌，不属于国际通用概念，故而在对外进行文化交流、产品贸易时就没有地理标志、非物质文化遗产、良好农业规范认证相对方便和容易被消费者接受理解。而无论是在国际还是在国内，地理标志都代表着产品质量和企业信誉的高标准，全球地理标志产品约六万至七万个，中国已认证的地理标志产品约1万个，据有关统计显示每年全球地理标志产品交易量约超过5万亿美元。2019年3月12日，国家知识产权局局长申长雨在十三届全国人大会议"部长通道"接受采访时表示，我们国家幅员辽阔、资源丰富、文化多样，地理标志产品非常丰富，相关产值根据统计已经超过1万亿元，成为不少地方发展区域特色经济、实施精准脱贫的途径之一。

由于中国在发展地理标志事业上起步较晚，虽然是地理标志大国，但是距离地理标志强国还有很长的路要走。欧盟是地理标志近代发源地，无论是政府、行业、民间都对地理标志产品有着深刻的认知，尤其是在保护地理标志知识产权、产业、消费地理标志产品方面已经成为人们的日常共识。反观我国，了解和知道地理标志的人们很少、很小众。这就大大制约着我国地理标志事业从地标大国迈入地标强国的步伐。

国际在开展地理标志相关工作时，目前还是在执行大农业概念，按照现在的基本情况来看，所认证的地理标志中，农产品地理标志通常占据着总体数量的约三分之二还多，比如此次签署的中欧地理标志保护与合作协定就有超过90%以上的都是农产品地理标志产品，农产品加工类均划入农产品地理标志的范围内，这样的体系是否对我国发展地标产业有利，值得思考。比如红薯产业、葡萄产业，在我国基本停留在种植、食用方面，而在瑞士已经把红薯自身的有益成分提炼成生物制药，用于医疗，葡萄也已经开发出口服液、护肤品，等等，这就出现了西方地标强国用农业工业化与我国的农业初始化进行贸易竞争，在贸易的规则标准运用等领域，我们劣势十分明显，造就了我国很多地标产品都是

序　章

以原材料输出，再高价购入的情况，这类现象十分突出，应予以重视，需要新的体制、新的理论概念指导。根据现代化的地理标志产业发展和市场需求应严格区分农业地标、工业地标、文化地标，让多国优质的地理标志产品得到公平竞争，让消费者更加直观、清楚地区分地标产品类别。

农产品地理标志是核心，如何让农产品地理标志被越来越多的人们认识、了解乃至保护十分必要，近年来我国提出了很多很好的理念，如：科技化农业、环境化农业，精品化农业、现代化农业，等等，尤其是提出了大力发展品牌化农业，这就为我国发展地理标志产业树立地理标志品牌提供了强有力的支撑，地理标志不仅是农产品质量和生产企业的形象代表，也是品牌化农业的代表，是区域化公用品牌的主体，是农业地理标志产业升级的重要抓手。以地理标志产业撬动农业现代化发展具有杠杆作用，对于擦亮农产品地理标志品牌，助推区域经济发展非常重要。

地理标志作为一项重要的知识产权，被国际社会和中国政府、市场、行业等部门越来越重视。2019年11月6日在习近平总书记与来华访问的法国总统马克龙先生的共同见证下，签署了中国与欧盟《关于结束中华人民共和国政府与欧洲联盟地理标志保护与合作协定谈判的联合声明》。这意味着中欧之间长达多年的地标谈判宣告结束，随之而来的中欧及多边的地标产品贸易、文化交流将越来越频繁，相关的知识产权保护和运用也越来越重要，将对我国地理标志事业整体发展起到巨大的促进作用。故而农产品地理标志保护工程、原产地地理标志运用促进工程、中华地标理标志生产企业在其基础体系都不健全的情况下，就盲目引进资本，出现了许许多多资本进、行业乱的现象，这些都需要新的金融服务体系，规范化的金融体制，国家帮扶机制等，企业更须从实际出发，打造完善的自身金融体系。

第四，行业市场体系建设。大部分地标生产企业对于国内外行业现状及市场现状存在着许多未知领域，由于体制的不同，地理标志行业在国际上大多由行业协会、社会团体在统筹开展工作，政府做服务引导。而在中国，地理标志产业的相关工作是由政府统筹，行业协会、社会团体做配合服务。这种体制的错位对许多出口企业来讲至关重要，尤其是大宗贸易遇到恶意竞争时往往会碰到国际贸易中人为的技术壁垒，被冠以知识产权侵权、标准不统一等标签，造成不必要的损失，故而在国际市场体系对接贸易中，及时了解双边及多边的行业市场状况，做好市场的分析和预演十分关键，国内地理标志市场体系有些混乱，亟需捋顺。这既需要政府加强引导管理，更需要企业自身建立健全市场体系，不仅有营销，还要有召回，不仅有科学的配送，更要有周全的服务保障，在市场中营造出买地标，就是买质量、买信誉、买服务、买知识、买放心的意识。企业更要抱团经营，尤其是地理标志本身就是区域公用品牌，代表的就是一个团体，而非哪个人、哪一家企业。所有发达国家的成功经验告诉我们，团结有序的市场体系是地标企业发展壮大的前提。

第五，质量标准体系。质量安全是一切发展的根本，标准是通往成功的标尺，地理标志自身质量就高于其它普通产品，这是其自身的优越性，故而建立完善的生产体系，至关重要，产品生长的环境、生产流程的规范、生产人员的卫生要求、包装运输、包材的使用、药物残留、肥料的运用、储存的标准、产品的研发等等都需要极高的标准要求，标准是核心竞争力，由于地理标志属于国际通用概念，既有国际标准，也有各国国内标准，争创国际标准，对我国地标产品提高国际市场份额，争取国际话语权，乃重中之重。我国部分鲜果类、肉食类、水产类地理标志产品在国际市场中的竞争力不强，均与标准有直接关系。近年来贸易保护主义在部分西方国家十分严重，一些地标产品在符合国际标准的情况下却碰到了人为设置的技术贸易壁垒，以不符合出口目的地国家的国内标准为由，加大了贸易成本与风险，故而企业的质量安全标准体系建设完善是品牌树立的基础。

第六，知识产权与人才体系建设。中国企业在地理标志知识产权保护方面相较于发达国家意识差别整体较大，如鱼露产品，我国食用鱼露产品可以追溯几百年甚至上千年的历史，有着完整的技艺传承，经过传承发展具备了优良现代化生产标准技术，纯度和鲜味都是一流水平，但是企业一味地重生产、重市场，对知识产权的认知不够深，在国际竞争中，被越南率先在欧盟注册了同类产品的标准知识产权，使得我国部分鱼露生产企业在国际贸易中失去优势，而恰恰鱼露产品的国际需求量巨大，给我国的鱼露产业造成了很大的损失并陷入被动局面，这种知识产权意识淡薄，是地理标志行业存在的突出问题。地理标志产业普遍存在着升级换代需求，这需要更多的高端人才加入，新思想、新理念、新技术、现代化、专业化的人才队伍建设至关重要，政府和企业需要多鼓励有志之士参与地标事业建设的浪潮中来，建设完善的人才培育体系是根本保障，一个可持续的地理标志品牌形成应该建立在综合体系的基础上，合力而成，不应该是一时的灵光闪现、盲目利用资本投入，而放弃体系建设，这是地理标志行业发展的关键所在。

中华社会文化发展基金会地标品牌公益工程，简称"中华地标品牌公益工程"的设立初心和使命，就是以公益的力量深度挖掘弘扬中华优秀的地理标志文化，树立中华地标品牌，弥补行政管理外的行业公益组织、社会团体的力量空白。建立健全理论体系、国际标准体系、市场体系、文化标准体系等方面的科学研究，在农业农村部、国家知识产权总局认证的地理标志基础上，在商务部、文化和旅游部认证的中华老字号、非物质文化遗产的基础上优中选优，遴选出文化代表性强、文脉悠久、质量过硬、信誉较好的产品作为中华地标公益工程推荐产品，进行融媒体推广，对接营销平台，收录在《中国地标品牌发展报告蓝皮书》中和国际交流平台上。

自2016年实施该项公益工程以来，中华地标团队不断加强学习，认真研究，扩大对未知领域的探索。特别是在不忘初心，牢记使命的读原著、学原文、悟原理的主题教育中和学习习近平总书记系列重要讲话中体会到，习近平总书记早已为中国的地理标志事业发展整体规划，指明了方向，设定了目标，提出了要求。作者结合自身的学习心得体会，梳理了党和国家对于中国地理标志事业的有关政策和讲话精神，集中参见于习近平总书记系列重要讲话中与地理标志事业发展相关的经典语录，特精心摘录如下。

序 章

一、习近平总书记有关中国地理标志发展的语录

(一) 人民美好生活需要

人民对美好生活的向往,就是我们的奋斗目标

我们的人民热爱生活,期盼有更好的教育、更稳定的工作、更满意的收入、更可靠的社会保障、更高水平的医疗卫生服务、更舒适的居住条件、更优美的环境,期盼孩子们能成长得更好、工作得更好、生活得更好。人民对美好生活的向往,就是我们的奋斗目标。

——2012年11月15日,在十八届中央政治局常委同中外记者见面时的讲话,《习近平谈治国理政》,外文出版社2014年版,第4页

望得见山、看得见水、记得住乡愁

要让城市融入大自然,不要花大气力去劈山填海,很多山城、水城很有特色,完全可以依托现有山水脉络等独特风光,让居民望得见山、看得见水、记得住乡愁。

——2013年12月12日,在中央城镇化工作会议上的讲话,《习近平关于社会主义经济建设论述摘编》,中央文献出版社2017年版,第168页

绿水青山就是金山银山

我讲过,环境就是民生,青山就是美丽,蓝天也是幸福,绿

水青山就是金山银山；保护环境就是保护生产力，改善环境就是发展生产力。

——2016年1月18日，在省部级主要领导干部学习贯彻党的十八届五中全会精神专题研讨班上的讲话，《习近平关于社会主义经济建设论述摘编》，中央文献出版社2017年版，第37页

新时代我国社会主要矛盾

中国特色社会主义进入新时代，我国社会主要矛盾已经转化为人民日益增长的美好生活需要和不平衡不充分的发展之间的矛盾。

——2017年10月28日，《决胜全面建成小康社会 夺取新时代中国特色社会主义伟大胜利——在中国共产党第十九次全国代表大会上的报告》，人民出版社2017年版，第11页

（二）农 业

确保广大人民群众"舌尖上的安全"

确保农产品质量安全，既是食品安全的重要内容和基础保障，也是建设现代农业的重要任务。要把农产品质量安全作为转变农业发展方式、加快现代农业建设的关键环节，坚持源头治理、标本兼治，用最严谨的标准、最严格的监管、最严厉的处罚、最严肃的问责，确保广大人民群众"舌尖上的安全"。

——2013年12月23日，在中央农村工作会议上的讲话，《习近平关于社会主义经济建设论述摘编》，中央文献出版社2017年版，第178页

序 章

农业结构往哪个方向调?

农业结构往哪个方向调?市场需求是导航灯,资源禀赋是定位器。要根据市场供求变化和区域比较优势,向市场紧缺产品调,向优质特色产品调,向种养加销全产业链调,拓展农业多功能和增值增效空间。

——2014年12月9日,《加快转变农业发展方式》,《习近平关于社会主义经济建设论述摘编》,中央文献出版社2017年版,第186页

宜农则农、宜林则林、宜牧则牧、宜商则商、宜游则游

对贫困人口中有劳动能力、有耕地或其他资源,但缺资金、缺产业、缺技能的,要立足当地资源,宜农则农、宜林则林、宜牧则牧、宜商则商、宜游则游,通过扶持发展特色产业,实现就地脱贫。

——2015年11月27日,在中央扶贫开发工作会议上的讲话,《习近平关于社会主义经济建设论述摘编》,中央文献出版社2017年版,第218页

我国农业一些供给没有很好适应需求变化

再比如,我国农业发展形势很好,但一些供给没有很好适应需求变化,牛奶就难以满足消费者对质量、信誉保障的要求,大豆生产缺口很大,而玉米增产则超过了需求增长,农产品库存也过大了。

——2016年1月18日,在省部级主要领导干部学习贯彻党的十八届五中全会精神专题研讨班上的讲话,《习近平谈治国理政》

第二卷，外文出版社 2017 年版，第 253 页

（三）工业

使我国成为现代装备制造业大国

装备制造业是一个国家制造业的脊梁，目前我国装备制造业还有许多短板，要加大投入、加强研发、加快发展，努力占领世界制高点、掌控技术话语权，使我国成为现代装备制造业大国。

——2014 年 5 月 9-10 日，在河南考察时的讲话，《习近平关于社会主义经济建设论述摘编》，中央文献出版社 2017 年版，第 182-183 页

加快建设制造强国，加快发展先进制造业

加快建设制造强国，加快发展先进制造业，推动互联网、大数据、人工智能和实体经济深度融合，在中高端消费、创新引领、绿色低碳、共享经济、现代供应链、人力资本服务等领域培育新增长点、形成新动能。……促进我国产业迈向全球价值链中高端，培育若干世界级先进制造业集群。

——2017 年 10 月 28 日，《决胜全面建成小康社会 夺取新时代中国特色社会主义伟大胜利——在中国共产党第十九次全国代表大会上的报告》，人民出版社 2017 年版，第 30-31 页

（四）服务业

提高我国服务业国际竞争力

要努力扩大数量、更要讲质量，大胆探索、与时俱进，积极扩大服务业开放，加快新议题谈判。……要建立公平开放透明的市场规则，提高我国服务业国际竞争力。

——2014年12月5日，在主持中共十八届中央政治局第十九次集体学习时的讲话，《习近平谈治国理政》（第二卷），外文出版社2017年版，第101页

我国农产品、工业品、服务产品的生产能力迅速扩大

在30多年快速发展中，我国农产品、工业品、服务产品的生产能力迅速扩大，但提供优质生态产品的能力却在减弱，一些地方环境还在恶化。

——2015年10月29日，在中共十八届五中全会第二次全体会议上的讲话，《习近平谈治国理政》（第二卷），外文出版社2017年版，第79页

扩大服务业对外开放

实行高水平的贸易和投资自由化便利化政策，全面实行准入前国民待遇加负面清单管理制度，大幅度放宽市场准入，扩大服务业对外开放，保护外商投资合法权益。

——2017年10月28日，《决胜全面建成小康社会 夺取新时代中

国特色社会主义伟大胜利——在中国共产党第十九次全国代表大会上的报告》，人民出版社 2017 年版，第 35 页

（五）文化

吸吮五千多年中华民族漫长奋斗积累的文化养分

站立在九百六十多万平方公里的广袤土地上，吸吮着五千多年中华民族漫长奋斗积累的文化养分，拥有十三亿多中国人民聚合的磅礴之力，我们走中国特色社会主义道路，具有无比广阔的时代舞台，具有无比深厚的历史底蕴，具有无比强大的前进定力。

——2017 年 10 月 28 日，《决胜全面建成小康社会 夺取新时代中国特色社会主义伟大胜利——在中国共产党第十九次全国代表大会上的报告》，人民出版社 2017 年版，第 70 页

2013 年 12 月 26 日，习近平同志在纪念毛泽东同志诞辰 120 周年座谈会上的讲话中，首次提出这一重要思想论断，见《习近平谈治国理政》，外文出版社 2014 年版，第 29 页

系统梳理传统文化资源

要系统梳理传统文化资源，让收藏在禁宫里的文物、陈列在广阔大地上的遗产、书写在古籍里的文字都活起来。要以理服人，以文服人，以德服人，提高对外文化交流水平，完善人文交流机制，创新人文交流方式，综合运用大众传播、群体传播、人际传播等多种方式展示中华文化魅力。

——2013 年 12 月 30 日，在主持十八届中央政治局第十二次集

体学习时的讲话要点，《习近平谈治国理政》，外文出版社2014年版，第161-162页

把跨越时空、超越国度、富有永恒魅力、具有当代价值的文化精神弘扬起来

民族文化是一个民族区别于其他民族的独特标识。要加强对中华优秀传统文化的挖掘和阐发，努力实现中华传统美德的创造性转化、创新性发展，把跨越时空、超越国度、富有永恒魅力、具有当代价值的文化精神弘扬起来，把继承优秀传统文化又弘扬时代精神、立足本国又面向世界的当代中国文化创新成果传播出去。

——2014年2月17日，在省部级主要领导干部学习贯彻十八届三中全会精神全面深化改革专题研讨班上的讲话要点，《习近平谈治国理政》，外文出版社2014年版，第106页

中国的四大发明带动了世界变革

中国的造纸术、火药、印刷术、指南针四大发明带动了世界变革，推动了欧洲文艺复兴。中国哲学、文学、医药、丝绸、瓷器、茶叶等传入西方，渗入西方民众日常生活之中。《马可波罗游记》令无数人对中国心向往之。

——2014年3月27日，在联合国教科文组织总部的演讲，《习近平谈治国理政》，外文出版社2014年版，第261页

茶和酒并不是不可兼容的

中国是东方文明的重要代表，欧洲则是西方文明的发祥地。正如中国人喜欢茶而比利时人喜爱啤酒一样，茶的含蓄内敛和酒的热烈奔放代表了品味生命、解读世界的两种不同方式。但是，茶和酒并不是不可兼容的，既可以酒逢知己千杯少，也可以品茶品味品人生。

——2014 年 4 月 1 日，在布鲁日欧洲学院的演讲，《习近平谈治国理政》，外文出版社 2014 年版，第 283 页

（六）品牌

努力推动"三个转变"

努力实现优势领域、共性技术、关键技术的重大突破，推动中国制造向中国创造转变、中国速度向中国质量转变、中国产品向中国品牌转变。

——2014 年 5 月 9-10 日，在河南考察时的讲话，《习近平关于社会主义经济建设论述摘编》，中央文献出版社 2017 年版，第 183 页

加强品牌建设，培育更多"百年老店"

要树立质量第一的强烈意识，下最大气力抓全面提高质量，用质量优势对冲成本上升劣势。……要引导企业突出主业、降低成本、提高效率，形成自己独有的比较优势，发扬"工匠精神"，加强品牌建设，培育更多"百年老店"，增强产品竞争力。

——2016年12月14日，在中央经济工作会议上的讲话，《习近平关于社会主义经济建设论述摘编》，中央文献出版社2017年版，第116-117页

狠抓农产品标准化生产、品牌创建、质量安全监管

要把增加绿色优质农产品供给放在突出位置，狠抓农产品标准化生产、品牌创建、质量安全监管，推动优胜劣汰、质量兴农。

——2016年12月14日，在中央经济工作会议上的讲话，《习近平关于社会主义经济建设论述摘编》，中央文献出版社2017年版，第204页

（七）消费

一些有大量购买力支撑的消费需求得不到有效供给

还比如，我国一些有大量购买力支撑的消费需求在国内得不到有效供给，消费者将大把钞票花费在出境购物、"海淘"购物上，购买的商品已经从珠宝首饰、名包名表、名牌服饰、化妆品等奢侈品向电饭煲、马桶盖、奶粉、奶瓶等普通日用品延伸。据测算，2014年我国居民出境旅行支出超过1万亿元人民币。

事实证明，我国不是需求不足，或没有需求，而是需求变了，供给的产品却没有变，质量、服务跟不上。有效供给能力不足带来大量"需求外溢"，消费能力严重外流。解决这些结构性问题，必须推进供给侧改革。

——2016年1月18日，在省部级主要领导干部学习贯彻党的十八

届五中全会精神专题研讨班上的讲话,《习近平谈治国理政》
（第二卷），外文出版社 2017 年版，第 253-254 页

新的增长点就在我们身边

新的增长点就在我们身边，蕴含在人民群众普遍关心的突出问题当中。新的增长点在基础建设、新型产业、服务业等中，也在十三亿多人的基本需求中，在日益增加的中等收入群体中。

——2016 年 12 月 21 日，在中央财经领导小组第十四次会议上的讲话，《习近平关于社会主义经济建设论述摘编》，中央文献出版社 2017 年版，第 117-118 页

完善促进消费的体制机制

完善促进消费的体制机制，增强消费对经济发展的基础性作用。

——2017 年 10 月 28 日，《决胜全面建成小康社会 夺取新时代中国特色社会主义伟大胜利——在中国共产党第十九次全国代表大会上的报告》，人民出版社 2017 年版，第 34 页

加快建立绿色生产和消费的法律制度和政策导向

加快建立绿色生产和消费的法律制度和政策导向，建立健全绿色低碳循环发展的经济体系。……倡导简约适度、绿色低碳的生活方式，反对奢侈浪费和不合理消费，开展创建节约型机关、绿色家庭、绿色学校、绿色社区和绿色出行等行动。

——2017 年 10 月 28 日，《决胜全面建成小康社会 夺取新时代中

国特色社会主义伟大胜利——在中国共产党第十九次全国代表大会上的报告》，人民出版社2017年版，第50—51页

（八）国际

使我国人民巧于制造、善于通商的优势充分发挥出来

要推动形成更加公平合理的全球治理体系，深度参与新的国际经贸谈判和规则制定，推动贸易和投资自由化制度安排，使我国人民巧于制造、善于通商的优势充分发挥出来。

——2013年12月10日，在中央经济工作会议上的讲话，《习近平关于社会主义经济建设论述摘编》，中央文献出版社2017年版，第288页

中国要永远做一个学习大国

任何一个民族、任何一个国家都需要学习别的民族、别的国家的优秀文明成果。中国要永远做一个学习大国，不论发展到什么水平都虚心向世界各国人民学习，以更加开放包容的姿态，加强同世界各国的互容、互鉴、互通，不断把对外开放提高到新的水平。

——2014年5月22日，在同外国专家座谈时的讲话，《习近平关于社会主义经济建设论述摘编》，中央文献出版社2017年版，第289页

海外侨胞是实现中国梦的重要力量

中国梦是国家梦、民族梦,也是每个中华儿女的梦。广大海外侨胞有着赤忱的爱国情怀、雄厚的经济实力、丰富的智力资源、广泛的商业人脉,是实现中国梦的重要力量。

——2014 年 6 月 6 日,习近平,在会见第七届世界华人华侨社团联谊大会代表时的讲话要点,《习近平谈治国理政》,外文出版社 2014 年版,第 64 页

利用好国际国内两个市场、两种资源

在经济全球化深入发展的条件下,我们不可能关起门来搞建设,而是要善于统筹国内国际两个大局,利用好国际国内两个市场、两种资源。

——2015 年 11 月 23 日,在十八届中央政治局第二十八次集体学习时的讲话,《习近平关于社会主义经济建设论述摘编》,中央文献出版社 2017 年版,第 298 页

提高我国参与全球治理的能力

要提高我国参与全球治理的能力,着力增强规则制定能力、议程设置能力、舆论宣传能力、统筹协调能力。参与全球治理需要一大批熟悉党和国家方针政策、了解我国国情、具有全球视野、熟练运用外语、通晓国际规则、精通国际谈判的专业人才。要加强全球治理人才队伍建设,突破人才瓶颈,做好人才储备,为我国参与全球治理提供有力人才支撑。

——2016 年 9 月 27 日,在主持中共十八届中央政治局第三十五次

集体学习时的讲话，《习近平谈治国理政》（第二卷），外文出版社2017年版，第450页

二、全球暨中国地理标志基本数据

全球地理标志数据（2019年5月）[1]

全球地理标志数据总量	60863个
其中中国数据总量	9958个
全球地理标志总产值	10万亿美元
其中中国总产值	10万亿人民币

世界各国地理标志数据（2019年5月）[2]

NO.1	中国	9958个
NO.2	欧盟	4844个
NO.3	摩尔多瓦	4615个
NO.4	格鲁吉亚	4196个
NO.5	波黑	3415个
NO.6	乌克兰	3112个
NO.7	澳大利亚	2130个
NO.8	塞尔维亚	1247个
NO.9	哥斯达黎加	1109个
NO.10	秘鲁	1047个
NO.15	美国	587个
NO.20	俄罗斯	262个

---

[1] 数据来源：国家知识产权运营公共服务平台——北京海中知识产权咨询有限公司，2019-05-06-17：28。
[2] 数据来源：国家知识产权运营公共服务平台——北京海中知识产权咨询有限公司，2019-05-06-17：28。

我国三类地理标志注册暨认证数据[1]

年份	总量	AGI	GI	PGI
2017 年	8309 个	2242 个	2252 个	3815 个
2018 年	9618 个	2523 个	2319 个	4776 个
2019 年 5 月	9958 个			

三、地理标志产品与健康中国

2016 年 10 月 25 日，中共中央、国务院发布《"健康中国 2030"规划纲要》，《规划纲要》第五章第一节强调，"要制定实施国民营养计划，深入开展食物（农产品、食品）营养功能评价研究"。

2017 年 6 月 30 日，国务院办公室印发《国民营养计划（2017-2030 年）》，文件第二部分第四条专门强调："加大力度推进营养型优质食用农产品生产。编制食用农产品营养品质提升指导意见，提升优质农产品的营养水平，将"三品一标"（无公害农产品、绿色食品、有机农产品和农产品地理标志）在同类农产品中总体占比提高至 80% 以上。创立营养型农产品推广体系，促进优质食用农产品的营养升级扩版，推动广大贫困地区安全、营养的农产品走出去。研究与建设持续滚动的全国农产品营养品质数据库及食物营养供需平衡决策支持系统。"

---

[1] 数据来源：原农业部、原国家质监总局、原国家工商总局网站。

四、国家实施"地理标志农产品保护工程"

李克强总理在 2019 年《政府工作报告》中提出,"实施地理标志农产品保护工程"。

随后,农业农村部、财政部发布《农业农村部、财政部关于做好 2019 年农业生产发展等项目实施工作的通知》(农计财发〔2019〕6 号)、《财政部关于下达 2019 年农业生产发展资金预算的通知》(财农〔2019〕27 号)等文件,细化中央财政农业生产发展资金支持地理标志农产品保护工程项目实施单位扶持政策。据悉,中央财政每年将投入 10 亿元专项资金,连续实施五年,共计 50 亿元。

五、发展地理标志产业是落实习近平"两山理论"的伟大实践

根据中国地标文化研究中心几年来对部分人群的专业研究,关于我国的地理标志品牌,有这样"三对 80%"关联关系,值得引起我们高度关注:

第一对 80% 关联关系:我国三部门认定的近一万种地理标志产品当中,有 80% 以上属于农产品范畴或者与农产品紧密关联;地理标志产品类的农产品当中,80% 以上与我国的老少边贫地区紧密关联。

第二对 80% 关联关系:在中国地标文化研究中心举办的全国

性市场调查中，80% 以上消费者对"地理标志产品"不甚了解；在市场消费实践中，80% 以上知晓者表示会选择消费地理标志品牌产品。

第三对 80% 关联关系：根据 2019 年 5 月 6 日统计数据，全世界共有地理标志产品 60863 个，其中中国 9958 个，外国地理标志产品总数占 80% 以上（83.64%）；与此相对应，外国在地理标志产品领域控制 80% 以上的话语权。

简要分析这"三对 80%"的关联关系，我们不难得出这样一个结论：

发展地理标志产业，是落实习近平同志关于"绿水青山就是金山银山"重要理论、推动乡村振兴战略的伟大实践；是推动消费升级、满足人民日益增长的美好生活需要的必然选择；是构建人类命运共同体、让世界各国人民过上好日子的重要路径；也是我们扩大国际贸易和交流、增加国际话语权的重要战场。

第一章　地理标志是什么

一、世界知识产权组织、世界贸易组织定义

英国经济学家亚当·斯密在其1776年完成的经济学名著《国富论》中说：

"有些自然产物对生产环境的要求很严格，要求特殊的土壤和位置，即使一个大国适于生产这些产物的土地全被使用，仍不足以供应有效需求。因此，送入市场的全部产品就有可能售给那些愿意支付更高价格的人。这种商品可能持续几个世纪按这种高价出售，其中支付的土地地租一般高于其自然率。如法国某些具有特优土壤和位置的葡萄园的地租，和其临近同样肥沃和同样精耕细作的其他土地的地租就不会保持某一正常的比例。……这样增高的市场价格显然是自然的原因造成的。自然原因可能使有效需求永远得不到充分供给，因而可能永远进行下去。"[1]

亚当·斯密所讲的"有些自然产物"，就是地理标志产品。因此，他的这番论述，被认为是西方地理标志理论的起点。

1　［英］亚当·斯密：《国富论》，宇枫编译，中国华侨出版社2018年版，第42页。

地标，是地理标志的简称，英文 Geographical Indication，英文简写 GI。

（一）世界知识产权组织 WIPO 的定义

世界知识产权组织 WIPO 在其出版物《地理标志：概述》讲到，地理标志是在具有特定地理来源并因该来源而拥有某些品质或声誉的产品上使用的标志。它们与具有特定性质和品质的产品相关联，这些产品因其地理来源以及其具有的与该地理来源有关的特性而闻名。[1]

（二）世界贸易组织 WTO 的定义

世界贸易组织 WTO 在 1994 年 4 月 15 日签署的《与贸易有关的知识产权协议》（TRIPs 协定）第二十二条第 1 款对地理标志定义如下：地理标志是辨别某商品来源于世界贸易组织某成员境内或该境内的某地区或某地方的标记，而该商品的特定质量、声誉或其他特性主要归因于其地理来源。[2]

（三）世界知识产权组织 WIPO 强调地标是无形资产

世界知识产权组织 WIPO 在其出版物《地理标志：概述》中

---

1 世界知识产权组织官方网站。
2 世界贸易组织官方网站。

强调：**不能忽视地理标志作为无形资产的价值。**[1]

地理标志是用以区分竞争产品的独特标志。它们为集体共有，具有强大的固有来源基础，即其所指的地理来源。地理来源——最常涉及农产品方面——结合传统的提取和加工方法，在产品品牌推广方面呈现出引人注目的营销潜力。

然而，使用地理来源品牌也带来许多挑战。由于其集体性质，生产和推广地理标志的各方必须在生产方法、质量标准和控制以及产品分销和营销方面参与集体行动。

地理标志在世界各地的成功案例表明，如果管理得当，地理标志属于无形资产，在区分产品、创造附加价值方面具有引人注目的潜力，并且还很有可能在因地理标志而闻名的主要产品的相关领域产生衍生效应。

二、国际上保护地理标志的重要模式

从国际上看，地理标志保护存在专门法保护（主要是欧洲大陆国家）和商标法保护（主要是美国等新移民国家）两大不同模式，即所谓罗马法式注册保护模式和盎格鲁—美国证明商标模式。近些年两大模式出现相互借鉴、交融的发展趋势，《里斯本协定日内瓦文本》的出台正体现了这一趋势。

2015年5月20日，世界知识产权组织通过《里斯本协定日内瓦文本》，在《里斯本协定》的基础上，进一步发展了里斯本体系的框架，首次引入关于"地理标志"的定义，充实、细化了

---
1 世界贸易组织官方网站。

对原产地名称和地理标志保护的规范，增加了对原产地名称和地理标志保护的限制（如不得损害他人善意取得的在先商标权、商业中使用的人名权、植物或动物品种名称权等），提高了保护水平。

中国已成为国际贸易大国，从发展的实际要求来看，中国对地理标志的保护必须充分尊重、正视世界上地理标志保护存在两大不同模式的客观现实。

三、中国政府对地理标志的定义与保护简述

（一）中国政府对地理标志的定义

2017年6月29日，第八届世界地理标志大会在江苏省扬州市召开，国务院总理李克强专门发来贺信，国务委员王勇出席开幕式并致辞。王勇代表中国政府强调指出，地理标志是一项重要的知识产权，保护好、运用好地理标志，对于推动经济社会发展、促进贸易投资和保护文化遗产具有重要作用。

原国家质检总局办公厅在质检办科〔2016〕829号文件中，对"地理标志"有过一段相当精彩的表述："地理标志是世界贸易组织（WTO）《与贸易相关的知识产权协定》（TRIPs）约定的、国际通行的知识产权之一。地理标志产品是国家地理、历史人文传承的物质载体，是产自特定地域，以地理名称命名的产品，是优良品质的代表。经过近20年的发展，国家地理标志产品保护已经形成了注册、使用、监管、示范、品牌评价、国际化运用等多层次、全链条的保护工作体系。"

当然，最权威的定义，还是要看有关中国法律法规的相关规定。

1.《中华人民共和国商标法》第十六条

"地理标志，是指标示某商品来源于某地区，该商品的特定质量、信誉或者其他特征，主要由该地区的自然因素或者人文因素所决定的标志。"

2. 原国家质量监督检验检疫总局，《地理标志产品保护规定》

"本规定所称地理标志产品，是指产自特定地域，所具有的质量、声誉或其他特性本质上取决于该产地的自然因素和人文因素，经审核批准以地理名称进行命名的产品。

地理标志产品包括：

（1）来自本地区的种植、养殖产品。

（2）原材料全部来自本地区或部分来自其他地区，并在本地区按照特定工艺生产和加工的产品。"

3. 原农业部，《农产品地理标志管理办法》

"本办法所称农产品地理标志，是指标示农产品来源于特定地域，产品品质和相关特征主要取决于自然生态环境和历史人文因素，并以地域名称冠名的特有农产品标志。""本办法所称农产品是指来源于农业的初级产品，即在农业活动中获得的植物、动物、微生物及其产品。"

（二）中国政府对地理标志的保护简述

1. 从 1985 年 3 月到 2018 年 5 月

多年来，中国政府不断加大地理标志保护力度，积极指导规范地理标志商标、地理标志产品专用标志的使用管理，有效保护了国内外地理标志权利人的合法权益，促进了地理标志产品的跨国流通。

中国对地理标志的法律保护，起始于1985年3月19日加入《巴黎公约》，最初是以行政文件的形式对原产地名称进行保护。如1987年10月29日国家工商局发布《关于保护原产地名称的函》，针对北京某食品公司使用丹麦牛油曲奇作为产品名称一案作出批复等。2018年5月之前，中国地理标志和原产地名称的保护有三种制度，分别由国家工商总局商标局、国家质量监督检验检疫总局、农业部执行管理。

一是以证明商标和集体商标保护地理标志（英文简称GI）。

1994年12月30日，根据1993年修改的《商标法》和《商标法实施细则》，国家工商局发布《集体商标、证明商标注册和管理办法》，开始以注册证明商标保护原产地名称。

2001年修订《商标法》时在第十六条对地理标志概念予以明确规定。2002年9月15日起施行的《商标法实施条例》第六条规定："商标法第十六条规定的地理标志，可以依照商标法和本条例的规定，作为证明商标或者集体商标申请注册。"2003年6月1日，新修订的《集体商标、证明商标注册和管理办法》施行。截至2017年5月，我国已注册地理标志商标达3615件，是实施国家知识产权战略之前2007年(301件)的12倍。外国在中国注册的地理标志商标达到87件。根据"商标与经济发展关系"课题组统计，地理标志商标注册后产品价格平均增长50.11%，来自地理标志产业的收入占产地农民总收入的65.94%，地理标志带动相关产业发展的产值带动比达 1∶5.2，就业带动比达 1∶3.34，已有 53.38% 的地理标志成为区域经济支柱产业，地理标志商标对当地就业、居民增收和经济发展的综合贡献率和影响程度超过 30%。[1]

二是以地理标志产品保护地理标志（英语简称 PGI）。

中国自 1996 年启动原产地地理标志产品相关工作以来，保护规模逐年扩大，实施效果日益凸显，形成了具有中国特色、与国际通行做法接轨的保护制度，截至 2018 年 5 月，共保护国家地理标志产品 2359 个，其中国内 2298 个，国外 61 个；建设国家地理标志产品保护示范区 24 个；核准专用标志使用企业 8091 家，相关产值逾 1 万亿元，[2] 惠及上千万人，在保护民族品牌、传承传统文化、发展特色产业、守护原味品质、助力扶贫攻坚和服务外交外贸等方面发挥了重要作用。

三是对农产品地理标志的保护（英语简称 AGI）。

农业部 2007 年 12 月 25 日发布《农产品地理标志管理办法》。截至 2018 年 7 月 3 日，农业农村部累计公告颁发农产品地理标志登记证书的产品 2450 个。[3]

除此以外，中国还以"原产地"的形式对地理标志提供保护。这里所讲的"原产地"是指货源标记，其法律依据是《反不正当竞争法》和《产品质量法》的相关条款。对"原产地"的保护，主要是强调标明真实产地名称，严禁伪造"原产地"或利用"原

---

[1] 参见国家工商总局商标局党委书记、副局长崔守东，第八届世界地理标志大会（2017 年 6 月 29 日至 7 月 1 日，江苏扬州）嘉宾发言摘要，国家工商行政管理总局商标局——中国商标网，2017-07-06。
[2] 国家知识产权局网站，原产地地理标志公告，2018-06-14。
[3] 农业部网站，2018-07-03。

产地"标注欺骗、误导消费者。

2. 新时代地理标志管理体制的改革与创新

（1）地理标志是知识产权写进了《民法总则》。

2017年3月15日第十二届全国人民代表大会第五次会议通过的《中华人民共和国民法总则》第一百二十三条规定，民事主体依法享有知识产权。

知识产权是权利人依法就下列客体享有的专有的权利：（一）作品；（二）发明、实用新型、外观设计；（三）商标；**（四）地理标志**；（五）商业秘密；（六）集成电路布图设计；（七）植物新品种；（八）法律规定的其他客体。

（2）国务院机构改革后由新组建的国家知识产权局负责。

2018年3月21日，中共中央印发了《深化党和国家机构改革方案》，第三部分《深化国务院机构改革》的第四十三条说，强化知识产权创造、保护、运用，是加快建设创新型国家的重要举措。重新组建国家知识产权局，由国家市场监督管理总局管理。主要职责是，负责保护知识产权工作，推动知识产权保护体系建设，**负责商标、专利、原产地地理标志的注册登记和行政裁决，**指导商标、专利执法工作等。

地理标志管理体制改革后，国家知识产权局将进一步加强地理标志宣传，改善地理标志商标运用管理，指导注册人完善管理制度，督促使用人强化质量和品牌意识，完善地区间保护协作机制，建立多元共治工作格局，更好发挥地理标志在供给侧结构性改革中的重要作用。

(3)国家知识产权局地标管理新政。

目前,国家知识产权局关于地理标志管理的政务公开资料较少。这里我们一起关注一下两则公开报道。

公开报道之一:国家知识产权局依法受理首批10个地理标志产品保护申请

2018年6月12日,国家知识产权局发布公告,根据国务院《关于国务院机构改革涉及行政法规规定的行政机关职责调整问题的决定》,依法受理首批10个地理标志产品保护申请并公示有关信息。这是国家知识产权局受理的首批地理标志产品保护申请。[1]

公开报道之二:"莱芜花椒"获得国家知识产权局颁发地理标志证明商标注册证

据山东省莱芜市莱城区市场监管局消息,近日,莱芜市"莱芜花椒"获得了国家知识产权局颁发的地理标志证明商标注册证。据了解,"莱芜花椒"是继莱芜黑猪、莱芜生姜、莱芜鸡腿葱、莱芜黑山羊之后,莱芜市获批的第5件国家地理标志证明商标。[2]

从上面两则公开报道可以看出,国家知识产权局负责原产地地理标志的注册登记和行政裁决之后,保护地理标志的工作路径有两种,一种是受理地理标志保护申请,登记公告为国家地理标志保护产品;另一种是受理地理标志证明商标注册,注册通过后颁发注册证书。

---

1 国家知识产权局网站,原产地地理标志公告,2018年6月14日。
2 莱芜都市网,2018-08-19。

（4）国家知识产权局"三定"方案关于地理标志业务的有关规定。

2018年9月11日，中央编办（《中国机构编制网》）发布《国家知识产权局职能配置、内设机构和人员编制规定》。

《规定》第三条是主要职责，第（二）款规定，"负责保护知识产权。拟订严格保护商标、专利、原产地地理标志、集成电路布图设计等知识产权制度并组织实施。组织起草相关法律法规草案，拟订部门规章，并监督实施。研究鼓励新领域、新业态、新模式创新的知识产权保护、管理和服务政策"。第四款规定，"负责知识产权的审查注册登记和行政裁决。实施商标注册、专利审查、集成电路布图设计登记。负责商标、专利、集成电路布图设计复审和无效等行政裁决。拟订原产地地理标志统一认定制度并组织实施"。

《规定》第四条是内设机构，第（二）款，条法司，"拟订商标、专利、原产地地理标志、集成电路布图设计审查政策和授权确权判断标准，组织实施申请、受理、授权等工作"。第（三）款，战略规划司，"拟订全国知识产权工作发展规划和商标、专利、原产地地理标志等审查、注册、登记计划"。第（四）款，知识产权保护司，"承担原产地地理标志、集成电路布图设计、特殊标志和奥林匹克标志、世界博览会标志等官方标志相关保护工作，承担指导地方知识产权争议处理、维权援助和纠纷调处工作"。

国家知识产权局共设6个业务司，有3个司管理地理标志相关业务，其重要性，由此可见一斑。

3. 实施"地理标志运用促进工程"

2019年3月12日,国家知识产权局局长申长雨在十三届全国人大二次会议"部长通道"接受采访时表示,"启动实施原产地地理标志运用促进工程,助推区域特色经济发展"。申长雨说,我们国家幅员辽阔、资源丰富、文化多样,地理标志产品非常丰富,相关产值根据统计已经超过1万亿元,成为不少地方发展区域特色经济、实施精准脱贫的途径之一。

2019年8月23日,国家知识产权局以国知办发运字〔2019〕26号文件,印发《地理标志运用促进工程实施方案》和《地理标志运用促进工程项目申报指南(2019年)》。

4. 2019年10月16日新的中国地理标志专用标志发布

2019年10月16日,国家知识产权局发布第三三二号、第三三三号公告,成为我国地理标志管理工作的新起点,揭开了中国地理标志发展新篇章。

第三三二号公告说:根据党中央、国务院《深化党和国家机构改革方案》中关于统一地理标志认定的原则,依据《中华人民共和国民法总则》《中华人民共和国商标法》《中华人民共和国商标法实施条例》《地理标志产品保护规定》《集体商标、证明商标注册和管理办法》,确定地理标志专用标志官方标志,现予以发布。第三三二号公告发布地理标志专用标志的具体样式(GI),明确指出,原相关地理标志产品专用标志同时废止,原标志使用过渡期至2020年12月31日。

按照这份公告,中国地理标志管理工作将迎来新的地理标志专用标志 GI，过渡一年之后，原国家地理标志保护产品 PGI 和国家地理标志证明商标 GI 就要和我们说再见了。

第三三三号公告说：根据《中华人民共和国商标法》《中华人民共和国专利法》等有关规定，国家知识产权局对地理标志专用标志予以登记备案，并纳入官方标志保护。

第三三三号公告还发布了地理标志专用标志图案和说明。地理标志专用标志图案编号为"官方标志 G2019002 号"，图案构成以经纬线地球为基底，表现了地理标志作为全球通行的一种知识产权类别和地理标志助推中国产品"走出去"的美好愿景。以长城及山峦剪影为前景，兼顾地理与人文的双重意向，代表着中国地理标志的卓越品质与可靠性。稻穗源于中国，是中国最具代表性农产品之一，象征着丰收。中文为"中华人民共和国地理标志"，英语缩写为 GI。

（三）中国与欧盟地理标志的互认互贸谈判

1. 国家最高层面高度关注

2019 年 3 月 21 日至 24 日，习近平主席应意大利共和国总统马塔雷拉邀请，对意大利进行国事访问。3 月 23 日，两国签署《中华人民共和国和意大利共和国关于加强全面战略伙伴关系的联合公报》。第八条说，"双方强调支持中欧地理标志合作保护协定谈判取得务实进展"。[1]

2019 年 3 月 24 日至 26 日，习近平主席应法兰西共和国总统

---

[1] 新华网，2019-03-23-21:02。

埃马纽埃尔·马克龙邀请，对法国进行国事访问。3月26日，双方发表《中华人民共和国和法兰西共和国关于共同维护多边主义、完善全球治理的联合声明》。第三十条的内容是："两国呼吁完成中欧地理标志合作与保护协定谈判。两国在保护专有技能和优质产品方面拥有悠久传统，希望尽快达成一项富有雄心的、平衡的协议，针对该协议规定的所有地理标志，就其可能遭遇的假冒和侵权行为提供有效的保护。"[1]

促进世界经济和贸易投资增长，需要在更大范围、更高水平、更深层次开展地理标志国际合作。多年来，中国政府一直致力于与各国扩大开放共享、打造地理标志交流平台，加强协作配合、提升地理标志保护水平，逐步凝聚共识、构建更加公平合理的地理标志国际规则，共同助推世界经济走上开放、可持续、平衡、包容增长之路。

欧洲是地理标志的起源地，也是中国地理标志国际谈判与合作的重点区域。欧洲地理标志制度以Terroir（风土）理念为核心，"地理标志实际上是孕育于地球母亲的天然DNA，也难以做出科学解释，换言之，地理标志是民族和国家文化、地理、传统、遗产和传统实践的总和"。[2]

2. 中欧"10+10"地理标志互认谈判

2006年国家质检总局与欧盟贸易委员签署了《中华人民共和国国家质量监督检验检疫总局与欧洲委员会贸易总司关于地理标志的谅解备忘录》，中国和欧盟将各确定10个地理标志产品，

---

[1] 新华社，2019-03-26-21:48。
[2] 参见王笑冰：《中国与欧盟地理标志保护比较研究》，载《厦门大学学报（哲学社会科学版）》，2012年第3期，第129页。

予以双边互认，打假保护。

中欧地理标志互认试点成功后，中国 10 个地理标志产品可以在欧盟 28 国获得等同于欧盟地理标志产品的严格保护，对于产品出口欧盟、提高知名度和附加值，树立中国品牌形象，进而促进中国对外贸易的可持续发展将发挥重要作用。

2011 年 3 月 22 日，在杭州举行了"中欧地理标志保护论坛"，中国和欧盟各自确定了"10+10"互保试点产品清单。中方"10+10"地理标志互保试点产品清单包括：龙井茶、东山白芦笋、琯溪蜜柚、金乡大蒜、蠡县麻山药、平谷大桃、陕西苹果、盐城龙虾、镇江香醋和龙口粉丝。欧盟"10+10"地理标志互保试点产品清单包括：洛克福奶酪、阿让李子干、帕加诺奶酪、帕尔玛火腿、科多瓦橄榄油、马吉娜橄榄油、孔蒂奶酪、斯提尔顿奶酪、苏格兰农家三文鱼和农舍奶酪。

2012 年 11 月，经过中欧双方政府机构、专家和地理标志产品生产企业的共同努力，中国与欧盟各自 10 个地理标志产品，全部获得对方的批准保护，标志着中欧"10+10"地理标志互认互保试点项目圆满完成。

中欧"10+10"地理标志产品互认互保试点项目的实践证明，我国的地理标志产品保护制度符合国际公认的规则标准，其审查程序与技术要求完全可以实现与欧盟等地理标志专门保护制度发达的国家和地区之间的衔接，将对完善国内地理标志专门保护制度建设、提升我国地理标志保护产品的国内外知名度、促进地方经济社会可持续发展、扩大对外贸易产生重大影响。

2015 年 4 月 16 日，国家质监总局召开"中欧地理标志品牌建设研讨会",10个获得欧盟批准的地理标志产品被正式授牌,在中华地标品牌发展史上是具有里程碑意义的标志性成就。

"中欧10+10"互保互认后的成绩单:

陕西苹果",销往欧盟、东盟、阿盟、非洲、北美等80多个国家和地区;

"镇江香醋"成为我国出口量最大的食醋,已远销到海外60多个国家和地区;

"龙口粉丝"年出口量已达40多万吨;

"金乡大蒜"出口85万吨、货值6.33亿美元,数量和货值同比分别增长2.4%和34.2%,其中出口欧盟产量和货值分别同比增长26.3%和51.3%。

3. 中欧"100+100"地理标志互认谈判

自2011年开始,中欧又开始了中欧"100+100"的全面地理标志产品互认互保工作,并在同年3月启动《中欧地理标志双边合作协定》谈判。中欧"100+100"地理标志产品互认互保项目是指,中欧双方各自提交100个地理标志产品,根据产品知名度、出口情况、经济效益、质量技术要求等对纳入协议的地理标志产品进行协商,互认互保。《中欧地理标志双边合作协定》将是中国与欧盟政府之间第一个关于地理标志保护的协议。在中国的地理标志产品与欧盟产品正式互认后,中国的地理标识产品进入欧盟市场将更加便捷,并享受与欧盟地理标志产品同样的优惠政策。

2017年6月4日,第十九次中国—欧盟领导人会晤成果清单发布，[1]第十二条内容是：双方签署《中华人民共和国商务部和欧盟委员会农业与农村发展总司关于地理标志合作与保护协定谈判的备忘录》。双方表达了致力于在2017年年内结束谈判的意愿，同意在2017年6月3日将各自地理标志产品清单对外公示。

2018年7月16日，中欧发布《第二十次中国欧盟领导人会晤联合声明》，[2]第十四条说，双方同意加快中欧地理标志协定谈判，承诺在2018年7月25至27日即将举行的下一轮谈判中取得实质性进展，如可能，将于10月底前结束谈判。

欧洲委员会农业与农村发展事务委员菲尔·霍根曾经说过，[3]如果地理标志协定可以在2018年签字，接下来还需要在双方立法机关通过，预计在2020年1月1日前可以生效。

2019年4月9日，国务院总理李克强同欧洲理事会主席唐纳德·图斯克、欧盟委员会主席让-克洛德·容克，在布鲁塞尔举行的第二十一次中国—欧盟领导人会晤上发表《第二十一次中国—欧盟领导人会晤联合声明》。第六条说："双方注意到地理标志协定谈判最近取得的进展，欢迎双方就文本正文及保护双方大部分地理标志名称初步达成一致。双方承诺，为在2019年年底前正式结束谈判，将在未来数月继续合作，以解决剩余问题，特别是与剩余地理标志有关的问题。

"中国和欧盟期待早日启动关于深化葡萄酒和烈酒领域合作的联合可行性研究。"[4]

---

1 中国政府网，2017-06-04 00:13。
2 新华网，2018-07-16-16:56。
3 参见地理标志，百家号2018-06-03。
4 新华社，2019-04-09-22:14。

2019年11月6日，习近平主席与法国总统马克龙在北京举行会谈，两国元首共同会见了中外记者，并共同见证中国和欧盟签署了《关于结束中华人民共和国政府与欧洲联盟地理标志保护与合作协定谈判的联合声明》。

在两国共同发表的《中法关系行动计划》中，第14条，"秉承2019年4月9日中欧领导人会晤承诺，中法两国对完成中欧地理标志合作与保护协定谈判这一重大成果表示欢迎"。第15条，"双方对中法地理标志合作议定书的签署表示欢迎，将就86项法国地理标志和中国地理标志注册继续开展工作"。

（四）一组逻辑关系：商业标记＞货源标记＞地理标志＞原产地名称

根据《巴黎公约》《与贸易有关的知识产权协定》(TRIPs协定)、《里斯本协定》和《里斯本协定日内瓦文本》等国际公约对货源标记、地理标志与原产地名称等术语的界定，货源标记的外延要大于地理标志和原产地名称。地理标志和原产地名称同时具备货源标记的标示产品来源地的功能。因此，货源标记可以视为地理标志与原产地名称的上位概念，地理标志和原产地名称可以视为具有特定条件的货源标记。

从实质条件上讲，地理标志与原产地名称两个概念之间存在包容关系，地理标志的外延要大于原产地名称，可以包容原产地名称，而货源标记又属于一种商业标记(即广义的商标)。由此我们不难得出这4个概念从上位概念到下位概念之间外延的逻辑关系：商业标记—货源标记—地理标志—原产地名称。可以用4个直径大小不同的同心圆来表示，最外圆表示商业标记的外延界限，次外圆表示货源标记的外延界限，再次外圆表示地理标志的外延界限，内圆表示原产地名称的外延界限。

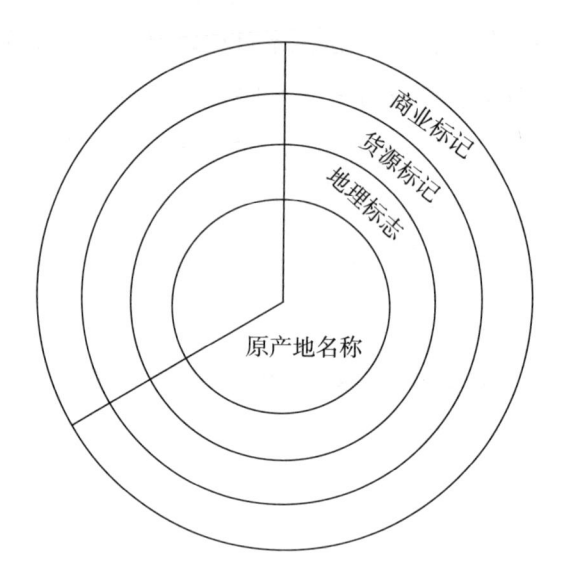

四、地理标志产品的十大特征

在我国，目前存有三类地理标志产品认证及保护管理体系：国家工商行政管理总局认证及管理保护的中国地理标志 GI、国家质量检测检验检疫总局认证及管理保护的中国地理标志 PGI、农业部认证及管理保护的农产品地理标志 AGI。

这三类地理标志（PGI、GI、AGI）从产品认证、保护与使用的有关规定、法律依据来看，虽然认证机构不同、认证相关规定与制度有一定的差异性、有效年限不同，但在对地理标志产品的相关要求、技术制度、管理办法、标志使用等方面，依然存在着基本类似的特征。[1]

一是生产区域性。无论PGI、GI、AGI，均限定了产品生产的区域范畴。因此，能够获得三类地理标志产品认证的产品，都必须是在一定的区域范畴进行生产。而不同区域会有不同的风土、物种、工艺、人文等诸多方面的差异性。

二是产品独特性。无论PGI、GI、AGI，均要求产品具有出自当地地域特点、人文因素的特色。因此，能够获得三类地理标志产品认证的产品，都必须是具有基于当地地域特点的产品特色。该特色，可以是品种独特性、品质风味差异性、原材料特色、特殊工艺、特殊人文因素等各种因素带来的产品品质独特性。

三是品质差异性。由于生产区域性、产品独特性，自然带来了地理标志产品的品质差异性。所谓的"橘生淮南则为橘，生于淮北则为枳"即为此意。即便是同一科同一属的产品，由于地理条件、人文因素等不同，形成差异化的品质特征。

四是品种稀缺性。由于生产区域性带来的地理条件、自然风土、生物品类、种质资源等差异，导致一些地区产生不同的品种。如同样是羊，就有宁夏盐池滩羊、内蒙古巴美肉羊、陕西横山羊、海门山羊、蒙山黑山羊、梁山青山羊、阿勒泰大尾巴羊等不同的、在其他地区没有的原生种质资源及稀缺品种。

五是工艺传承性。地理标志产品认证限定了生产的区域范畴，而不同的区域范畴内，其社会演变、工艺发展都会体现其不同特

---

[1] 参见李涛、王思明、高芳：《中国地理标志品牌发展报告（2018）》，社会科学文献出版社2018年版，第3–5页。

征。一般而言，地理标志产品均有区域内先民们研究出来的不同的工艺手法，并通过师徒授艺、家传秘方等方式，得以传承。如龙井茶的"抖、搭、摺、捺、甩、抓、推、扣、磨、压"十大手法，即为历史传承及总结所得。

六是文脉悠久性。一个区域有一个区域的文化特质，但凡地理标志产品，大多具有长期的种养殖历史，并在种养殖历史发展进程中，形成了特殊的生产文化脉络。如四川雅安，在西汉时期便有吴理真在蒙顶山种茶的文字记录。自西汉至今，蒙顶山的种茶文脉源远流长。

七是命名地缘性。除 GI 之外（规定：可以是该地理标志标示地区的名称，也可以是能够标示某商品来源于该地区的其他可视性标志），PGI、AGI 两类地理标志认证的产品，其产品名称均由农产品所生产的地理区域名称、农产品品类通用名称两者协同构成。如福州茉莉花、云阳红橙等，前两字为地理区域名称，后两字为产品品类通用名称。因此，其命名具有直接的地缘依附性、地缘联想性。看到产品名称便可联想到地缘特征，便于记忆、便于产生品牌联想。

八是使用公共性。地理标志产品的生产，只要是在限定的区域内生产，其产品符合地理标志产品认证要求的、获得认证保护管理权力的机构（协会或者其它组织）认可的企业或农户、个人，都能够获得授权，拥有生产权益。因此，地理标志产品的生产区域，比区域公用品牌的范畴要大。而地理标志产品的生产授权，则是一个区域的农产品区域公用品牌建设的基本范畴。使用公共性，会给地理标志产品保护带来困难，同样，从区域公用品牌角度来看，避免"公用地灾难"是品牌保护中重要的管理原则。

九是两权分离性。国家工商管理总局商标局的有关地理标志证明商标的界定是：由对某种商品或者服务具有监督能力的组织所控制，而由该组织以外的单位或者个人使用于其商品或者服务。这说明，地理标志证明商标的商标所有权、商标使用权两权分离。虽然PGI、AGI没有明确说明地理标志产品保护监管与使用的两权分离性，但由于其使用的公共性，依然存在着地理标志产品保护监管者与地理标志使用者（企业、合作社、农户等）之间的分离现象。地理标志证明商标注册与监管权、地理标志使用权分离，存在着"公用地灾难"出现的天然隐患。

十是特色专属性。PGI、GI、AGI三类地理标志认证的产品，均要求产品品质和特色主要取决于独特的自然生态环境和人文历史因素。因此，地理标志产品具有产品品质特色的专属性。专属性即为独特性、稀缺性，具有独一无二的销售卖点（USP理论）。

第二章　中国古代贡品与地理标志产品

首先来回答一个问题，什么样的东西才能成为"贡品"，才值得"进献"呢？

据《禹贡疏》记载，"贡者，从下献上之物，谓以所出之谷，市其土地所生异物，为献其所有，谓之厥贡"。由此可知，贡献之物，为一地"所生异物"，也就是特产之物，才称得上贡品。唯有全国各地或品质优秀、或享有盛誉、或稀缺珍罕、或寓意吉祥的精品、极品，才能向大王或者皇帝进献，"贡者，名、特、优、珍也"。由此，在中国历史的演进过程中，逐步形成了贡品制度和贡品文化，不仅包括贡品本身的物质样态，还包括制度、礼仪、生产技艺、传承方式、文字记载、民间传说故事等文化样态，是集物质文化和非物质文化于一体的中国特有的文化遗产。

一、世界上最早的地理标志理论著作——《尚书·禹贡》

《尚书·禹贡》是夏禹接受尧舜之命治理洪水后的历史总结，

第二章
中国古代贡品与地理标志产品

是中华第一部人文地理志书,是我国自有文字记载以来首次从地理学的视角阐述中华早期文明史中的"人与地关系"的经典。[1]

《禹贡》语言简练,风格古朴,全文仅仅1194个字,但是传递的信息量非常之大,可谓是包罗万象,山川、河流、区划、土质、物产、贡赋、交通等内容无所不包。我们从研究地理标志的角度去解读,就会发现,《禹贡》堪称世界地理标志理论的开山鼻祖,至少要比西方人奉为地理标志理论圭臬的亚当·斯密之论(1776年)早出两千多年。

《禹贡》开宗明义,"禹别九州,随山浚川,任土作贡",从九州的土质土性、自然地貌(山川河流),到各州物产品类、价值、功用、贡赋,又及各州民风、民俗和语言文化,不一而足。专家统计,《禹贡》中列举的各州贡赋有66种,[2]包括植物、木材、动物及制品、海产、饰品、制衣以及盐、矿物等,并规划了各州贡赋物产的水陆运输通道。"作贡"的原则是顺应自然,不废其所有,不责其所无,不强其所难。《禹贡》不仅开启了我国历史上贡赋制度特别是关于"贡品"的纪元,也是人类历史上第一篇关于地理标志产品的理论著作。

第一次使用"丝绸之路"一词的德国著名地理学家费迪南德·冯·李希霍芬认为,借助《禹贡》可以复原"中华帝国"在尧舜禹时代的地理范围,是论述从夏商周三代到明清时期中国和西方国家从地理角度相互认识对方这一过程的最好切入点和基

---

1 参见张碧波:《人文地理学与文明中心观之始源——读〈尚书·禹贡〉》,载《黑龙江社会科学》2006年第1期,第94页。
2 参见张伟红:《把生态优势转化为农村产业优势——〈尚书·禹贡〉的生态智慧启迪》,载《世界农业》2018年第12期,第239页。

础。李希霍芬给予《禹贡》高度评价："精炼，可能没有任何一种其他语言的文本可以有如此简洁和浓缩的风格。以令人印象深刻和写实的方式将概念符号连起来，相互之间没有多余的修饰。几乎每一个字都表达出一个事实。"[1]

二、中国古籍经典中关于贡品制度的记载

（一）《周礼》

《周礼》相传是西周周公姬旦撰写，是儒家十三经之一，是我国第一部系统、完整记述国家机构设置、职能分工的专书，涉及古代官制、军制、田制、税制、礼制等国家重要制度，为我国秦汉以来历代国家机构建制提供了全面的参照体系，在中国古代政治经济思想文化史上影响深远。

以《周礼·天官冢宰第一·大宰》（大宰，即太宰，相当于宰相）为例，按照国家制度，太宰的职权责任被归纳为六典、八法、八则、八柄、八统、九职、九赋、九式、九贡、九两等。

关于"九贡"，《周礼·天官冢宰第一·一·大宰》记载："以九贡致邦国之用，一曰祀贡，二曰嫔贡，三曰器贡，四曰币贡，五曰材贡，六曰货贡，七曰服贡，八曰斿贡，九曰物贡。"[2]

祀贡，牺牲、苞茅之物；嫔贡，即宾贡，接待宾客所需物品；器贡，尊、彝等宗庙之器；币贡，聘问时使者所带的绣、帛之物；

---

[1] 参见杜轶伦：《德国地理学家李希霍芬对〈禹贡〉研究初探》，载《中国历史地理论丛》2018年4月第33卷第2辑，第8页。
[2] 《周礼》，徐正英、常佩雨译注，中华书局2014年版，第37-38页。

材贡，櫄（椿）、幹、栝（桧）、柏等优质木材；货贡，金玉龟贝等货物；服贡，制作礼服所用的絺（细葛布）、紵（苎麻布）等；斿贡，即游贡，珠、玑、琅、玕等玩赏之物；物贡，本地土特产。唐代贾公彦《周礼注疏》据《尚书·禹贡》解释，徐州贡鱼，青州贡盐，荆、扬贡桔柚。[1]

按照《周礼》记载的制度，地官系统掌管"邦教"，主要职责是掌管土地和人口，其所属职官有10类79种，其中第2类是征收贡赋、掌管力役的官吏，包括载师、闾师等。《周礼·地官司徒第二·一七·闾师》记载：

"任农以耕事，贡九谷；任圃以树事，贡草木；任工以饬材事，贡器物；任商以市事，贡货贿；任牧以畜事，贡鸟兽；任嫔以女事，贡布帛；任衡以山事，贡其物；任虞以泽事，贡其物；凡无职者出夫布。"[2]

翻译过来就是说，（闾师的职责是）任用农民做耕种的公事，贡纳各种谷物；任用圃人做种植的公事，贡纳瓜果蔬菜；任用工匠做制造的公事，贡纳各种器物；任用商人做贸易的公事，贡纳财物；任用牧民做畜牧的公事，贡纳鸟兽；任用妇女做女红的公事，贡纳布帛；任用山民做山林生产的公事，贡纳山货物产；任用渔民做水泽生产的公事，贡纳各种水产；凡是没有固定职业的人，缴纳本人的人丁税。

---

1 《周礼》，徐正英、常佩雨译注，中华书局2014年版，第38-39页。
2 《周礼》，徐正英、常佩雨译注，中华书局2014年版，第282-284页。

（二）《礼记》

《礼记》是中国儒家经典之一，是研究中国古代社会情况、典章制度和儒家思想的重要著作。

《礼记·月令·季秋之月》记载："是月也，……合诸侯，制百县，为来岁受朔日，与诸侯所税于民轻重之法、贡职之数，以远近土地所宜为度，以给郊庙之事，无有所私。"[1] 意思是说，这个月，（天子）要总命诸侯之国，敕令诸侯所统领的各县长官，向他们颁授来年的朔日（历法），昭告诸侯向百姓收税轻重的法规、诸侯向天子缴纳贡赋的多少，（收税轻重、纳贡多少）都以封地距离京师远近和土地产出情况为依据。（这些东西）用于祭天祭祖，不可有私。

（三）《荀子》

《荀子》是战国后期儒家学派最重要的著作，作者为荀况（约公元前313～前238），时人尊称为荀卿。荀子是一位儒学大师，在吸收法家学说的同时发展了儒家思想。他尊王道，也称霸力；崇礼义，又讲法治；在"法先王"的同时，又主张"法后王"。孟子创"性善"论，强调养性；荀子主"性恶"论，强调后天的学习。这些都说明他与嫡传的儒学有所不同。他还提出了人定胜天、反对宿命论、万物都循着自然规律运行变化等朴素唯物主义观点。

---

1 《四书五经第八种·礼记集说》，（元）陈澔注，见《四书五经》中册，中国书店1985年繁体影印版，第95页。

荀子在其著作中，强调王者要用法度管理好贡、赋，施行仁政。

《荀子·王制篇第九》说，"王者之等赋、政事，财万物，所以养万民也。……相地而衰政，理道之远近而致贡。通流财物粟米，无有滞留，使相归移也，四海之内若一家。"[1] 意思是说，奉行王道的君主会规定好税赋等级，管理好民众事务，善待万物使其生长，用以养活亿万民众。……考察田地的肥瘠尽量减少税收，区分道路远近来收取贡品，使财物、粟米流通顺畅，没有积压浪费，使各地互通有无以利各方，四海之内就像一家人一样。

（四）《吕氏春秋》

《吕氏春秋》是秦国统一六国前夕，秦国丞相吕不韦组织门客编写的一部百科全书式的著作，以黄老道家思想为主，兼收并蓄儒法各家之长，分十二纪、八览、六论，全书12卷、160篇、20多万字。吕不韦认为这部著作囊括了天地万物、古往今来的事理，所以命名为《吕氏春秋》。

《吕氏春秋·季秋纪第九·季秋》中有关贡品制度的记载，与《礼记·月令·季秋之月》文字相同。[2]

三、中国古代贡品品类案例分析

按照顾颉刚先生的观点，在商代的后期，已经有了很完备的封建制度，封建之国对于商王的义务大概有五种：第一项是边防；

---

[1] 《荀子》，安继民译注，中州古籍出版社2008年版，第132–133页。
[2] 《吕氏春秋》，陆玖译注，中华书局2011年版，第248页。

051

第二项是征伐；第三项是进贡，把自己封国里的特产像龟、骨、牛、马、象、陶器、笄具等物送到商朝去；第四项是纳税，把稻、黍、麦等农作物产品抽出几成送到商朝去；第五项是服役。[1]

贡品制度，始于传奇色彩浓重的大禹时代，终于二十世纪初期清王朝覆灭，在中国历史长河中垂存三四千年。从《史记·货殖列传》《汉书·地理志》开始，二十四史当中都有关于贡品、土贡的专门记载。唐代《元和郡县图志》、宋代《太平寰宇记》等地理专著，唐代《通典》、宋元时期《文献通考》等典章制度总集，也都留下了关于贡品的浓墨重笔。

这里举秦代、唐代、清代贡品各一个案例。

（一）里耶秦简记载的秦代贡品：枳枸、冬瓜、干鲮鱼

2002年6月，湖南省湘西土家族苗族自治州龙山县里耶镇，里耶古城遗址一号井，出土3.8万枚秦代简牍，震惊世界，被称为堪比"敦煌文书、殷墟甲骨文"的伟大考古发现，这些秦简也被称为大秦王朝的"百科全书"。

里耶地区，在秦代称为迁陵县，里耶秦简有许多迁陵县向大秦皇宫进献"贡品"的记载：8-855简，"下临沅请定献枳枸程□已"；8-993简，"□□守绕出以为献□"；8-954简，"□□县所献而不"；8-1022简，"献冬瓜□干鲮鱼"，等等。从这些简牍的内容中，可以读出，当时迁陵县进献的果品有枳枸，进献的食物有冬瓜、

---

[1] 参见顾颉刚、童书业：《国史讲话：春秋》，上海人民出版社\上海世纪出版股份有限公司2015年版，第89页。

干鲹鱼等。[1]据调研发现，枳枸、冬瓜、鲮鱼干等，至今仍是里耶古城的著名地理标志产品。

里耶秦简中，有十多枚记录了进献贡品"枳枸"的生产管理情况：8-455简，"贰春乡枳枸志。枳枸三木，下广一亩，高丈二尺，去乡七里。卅四年不实"；8-1527简，"卅四年八月癸巳朔丙申，贰春乡守平敢言之：贰春乡树枳枸卅四年不实，敢言之"。由此可见，贡品枳枸由迁陵县政府实行专门的生产管理，建有枳枸生产管理档案，较为详细地记录了枳枸树木的数量、大小、位置、挂果情况等。在秦始皇三十四年（公元前213年）八月，贰春乡守平还呈报了当年"枳枸"不挂果的情况。[2]盖枳枸为贡品，兹事体大，谁也不敢懈怠。

（二）唐代山东贡品：手工制品、矿物、植物、动物

现在的山东省境域，在唐代以黄河为界，分属河南道、河北道。根据《新唐书·地理志》《元和郡县图志》《通典·食货志》相关记载，山东省境域内的朝贡、土贡，可以分为四类[3]：一是手工制品，丝麻织品如齐纨鲁缟、丝、绵、绫、细布等；毛织品如毛毡等；草本纤维织品如细柳箱、苇簟、水葱席等。二是矿物类，如莱芜的铜、铁、锡，齐州的滑石，淄州的理石，沂州的钟乳石、紫石英等。三是植物类，药用植物如齐州、淄州的防风，曹州的

---

1 参见山里人：《写在里耶秦简中的那些进献"贡品"》，载《团结报》2019-08-04。
2 同上注。
3 参见李晓伟、张增森：《唐朝山东贡品浅探》，载《昌潍师专学报（社会科学版）》1996年第3期，第61-63页。

蛇床子等；印染原料如青州的紫草、红蓝等；食用植物如青州的圆陵枣、枣圈（干枣）等。四是动物类，水产品如登州、莱州的文蛤，密州的海蛤，山东的河蟹、鳢鱼等；动物类药材如登州、莱州的牛黄，济州的阿胶（驴皮胶）等；畜牧类如濮州犬（地羊）等。

（三）清代广东贡品：传统本地手工艺品＋西洋货

中国第一历史档案馆，保存了清代从康熙年间到宣统时期的上万册《宫中进单》，即各级官员、皇亲国戚等向历朝皇帝（皇后、太后）进献贡品的凭单，其中，广东官员的贡单有一千多份，占十分之一左右。[1]

从《宫中进单》和故宫博物院现存的实物看，广东贡品主要有九类：一是寿意类，即祝寿的寿礼，如"万寿无疆"如意、"福寿吉祥"如意，万寿屏、珊瑚灵芝等。二是典章类，主要有龙袍、朝珠、宝座等。三是陈设类，如盆景、玉山、插屏、各式摆件等。四是生活用品类，如广州锡器、鼻烟壶、药品、镜子、餐具等。五是文玩类，如端砚、牙雕文房四宝、笔山、笔筒、镇纸等。六是家具类，主要是紫檀木、花梨木、鸡翅木、红木等制作的床榻、橱柜、桌椅、案几等。七是土物类，如葛布、香料、葵扇、石湾陶等。八是时令鲜果类，如荔枝、桂圆、甜橙、酸橙、香柚、椰子等。九是洋货类，主要是官员采办的钟表、仪器、洋漆器皿、玻璃、鼻烟、香水等。

---

[1] 参见张林杰：《粤海精粹——清代广东贡品一瞥》，载《紫禁城》2006年第2期，第48–55页。

四、从朝廷贡品到当代地理标志品牌

朝廷贡品，是历代封建社会各级地方政府向皇家宫廷进奉的地域生产或制作的最具地域特色的极品与精华代表。其内容涵盖服饰家具、文玩药材、干鲜特产、工艺美术品、美食佳肴、宫廷生活用品以及特种技艺展演与服务等。这些由历代劳动人民生产与创造的贡品，虽被地方官员作为贡赋进奉朝廷，却是地域经济、文化、物产中最具特色和影响力、竞争力的品牌。从人类文明发展史角度审视，无论贡品还是老字号产品，都是地域人民聪明智慧的结晶与写照，也是由自然环境和人文历史造就的成果，蕴含着巨大的经济与文化价值，是构筑中国特色优秀传统文化、特色经济产业和提高当代人生活质量、幸福指数的珍贵财富，是当代地理标志品牌中的佼佼者。

（一）河北省开展历代贡品普查认定工程

围绕助力实施乡村振兴战略和脱贫攻坚，河北省于2018年12月启动"历代贡品和老字号普查认定工程"，[1] 目的在于唤醒历史经济文化符号，深入挖掘其经济价值、文化价值和品牌价值，提炼河北省优秀传统文化精神与物质标识，擦亮和铸造地理标志品牌。这项工程，既是中国民间文艺家协会主持的中国民间文化遗产抢救工程之一，也是河北省级宣传文化发展重点项目。

---

[1] 来源：《河北日报》，2019-01-09-10：42。

据报道，2019年5月下旬，河北省公示第一批"古代贡品""燕赵老字号"保护名录入选名单，[1]8项"古代贡品"、54项"燕赵老字号"入围，普查统计同类资源431项。2019年7月，召开大会颁发标牌。

河北省首批普查认定的8项"古代贡品"中，包括始于汉代的中山松醪酒，始于隋唐的内丘邢白瓷，始于元代的宣化牛奶葡萄等，在历代史书、方志中均能找到明确的文字、图片记载，并有碑刻、匾牌等有力佐证。经查阅资料，中山松醪酒，是原国家质量监督检验检疫总局认定的"国家地理标志保护产品"；宣化牛奶葡萄，是原国家质量监督检验检疫总局认定的"国家地理标志保护产品"，原国家工商行政管理总局注册的"中国地理标志证明商标"。

（二）特殊资源成为反腐败重要领域

正是因为大多数古代贡品也属于当代的地理标志产品，属于引人瞩目的"特殊资源"，不仅在发展特色产业、打造地方名片方面成为各地的首选，同时也受到了某些追求不当利益者的追捧。以贵重珍稀地理标志产品为主的特殊资源，成为新形势下反腐败的重要领域。

2018年底，中央纪委国家监委以【2018】9号文件，发出《关于贯彻落实习近平总书记重要讲话精神严肃整治领导干部利用名贵特产类特殊资源谋取私利问题的通知》，以高档烟酒、珍稀药材、

---

[1] 来源：河北文明网，2019-05-23-14:35。

天价茶叶、名贵木材、珠宝玉石、名瓷名画等名贵特产类特殊资源为重点领域，坚决查处领导干部靠山吃山、假公济私、以权谋私、利益输送等问题。

全国各地在贯彻落实过程中，都结合当地实际，对"特殊资源"进行了细化。云南省怒江傈僳族自治州列举了特产类特殊资源具体类别名称，指出，珠宝玉石重点指碧玺、玉石玉器（翡翠、独龙玉、羊脂玉）、奇石等；名贵木材重点指红豆杉、云南樾、楠木等及其制品；名贵花木重点指茶花、兰花等；名贵药材重点指熊胆、麝香、虫草、野生天麻、野生重楼等；贵重矿产制品主要指白银及铜器工艺品等；土特产品主要指老窝火腿、董棕粉、野生蜂蜜等。[1] 内蒙古自治区巴彦淖尔市纪委印发方案，明确本地名贵特产包括：奇石、玛瑙石、佘太翠玉石、肉苁蓉、羊绒驼绒制品、珍稀动物制品、高档酒、高档面粉、名人书画作品等。[2] 河北省保定市将涞水红木家具、曲阳石雕、定瓷、易水砚、易县绞胎瓷、安国名贵药材、顺平桃木工艺品、当地产高档白酒等列为重点对象。[3]

---

1 来源：怒江州纪委网站，发布时间 2018-12-18-07:52。
2 来源：环球网，2018-12-23-20:35。
3 来源：澎湃新闻，2019-02-12-15:16。

第三章 新地标——中华地标品牌的基本框架

一、新时代，新使命——从地标产品到中华地标品牌

习近平总书记在党的十九大报告中庄严宣告，经过长期努力，中国特色社会主义进入了新时代，这是中国发展新的历史方位。中国特色社会主义进入新时代，我国社会主要矛盾已经转化为人民日益增长的美好生活需要和不平衡不充分的发展之间的矛盾。大力提升发展质量和效益，更好满足人民在经济、政治、文化、社会、生态等方面日益增长的需要，更好推动人的全面发展、社会全面进步。

新时代、新矛盾，新要求、新使命，中国地理标志的发展必须适应新时代，正视新矛盾，顺应新要求，担当新使命。

中国地理标志产业规模究竟有多大？目前还确实难以有一个精确的统计。在这里我们不妨分析一下。2017年10月，国家发改委、农业部、国家林业局《特色农产品优势区建设规划纲要》文件里有一组数据说，中国包括地理标志农产品在内的各类特农产品产值达到5万亿左右，约为中国农业总产值的50%，占据中

国农业的"半壁江山"[1]。我们如果加上中国制造品牌、中国服务品牌、中国文化品牌等的经济体量，我国地标经济年产值将超过10万亿元。地理标志产业日益成为新时代新旧动能转换、实现绿色发展的强大经济支柱，地理标志文化成为增强中华民族文化自信的强大正能量，地标事业日益成为国家综合实力、国家形象的重要组成部分。

简单回顾一下，可以得出一个结论："地标"在中国，可谓是"其作始也简，其将毕也必巨"[2]。"地标"，开始时看起来简单不起眼，但经过发展变化产生了巨大的影响，带来了巨大的变化，促进了社会的进步。

从1995年到2019年，中国地标事业走过了34年的历史路程。在三十多年后的今天，细而思之，不难发现，"地标"作为一个知识产权保护方面的概念进入中国，作为原工商、质检、农业口对应政策措施的出发点和落脚点，作为行政管理机构的重点管理对象和各级归口事业单位、社会机构的主要服务对象，似乎对应的都是、或者都仅仅是——地标产品类别，或者地标产品领域；地标产业、尤其是地标品牌、地标文化，并没有"摆上议事日程"。

面对这样磅礴巨大的经济体量，面对这样波澜壮阔的群众实践，面对这样浩如烟海的消费需求，传统地标理论、地标科技、地标文化、地标推广都远远落后于人民群众的伟大实践，远远落后于人民群众美好生活需要。可以说，已有的关于"地标"的理

---

1 国家发改委、农业部、国家林业局：《特色农产品优势区建设规划纲要》，2017年10月31日发布。
2 《庄子·人间世》，方勇译注本，中华书局2015年版，第61页。2017年10月31日，习近平总书记带领十九届政治局常委瞻仰中共一大会址讲话时引用了这个典故。

论范式、研究方法、坐标维度乃至部门管理思路、条块政策设计、政出多门的执行与落实等，都暴露出了不少问题。形象一点说，地标事业都成长为"当家"的成年汉子了，还穿着三十年前引进这个概念时的"小鬼当家"年代的童装。

新时代，地标事业在呼唤变革、呼唤创新、呼唤动能，它需要新的理论支撑、新的话语体系、新的科技研发、新的路径选择、新的品牌塑立、新的能力建设、新的国际化传播。因此，塑立中华地标品牌这样一个从地标产品到地标产业、到地标文化的新的话语体系，有利于引领社会各界和广大群众关注到地标事业发展的重要性和紧迫感，有利于吸引学术界、科技界聆听到地标事业发展的呼唤与主张，有利于撬动国际国内各种资源以打通各级政府和组织政策支持的"最后一厘米"。

归纳一下就是，**从话语体系的角度看**，我们常说的地理标志、地标是产品，英语缩写 GI；中华地标品牌说的是品牌 Brand，是关于地理标志的品牌，英语缩写 GIB。

二、国家战略之下的中国品牌建设

首先，2014 年 5 月 10 日，习近平总书记在河南考察时强调，要推动中国制造向中国创造转变、中国速度向中国质量转变、中国产品向中国品牌转变。总书记"三个转变"的战略要求，为新时代经济发展和供给侧结构性改革指明了前进方向。

围绕落实习近平总书记"三个转变"的战略要求，推动全国品牌建设，国务院批复自 2017 年起，将每年 5 月 10 日设立为"中国品牌日"。"中国品牌日"的设立对于凝聚社会共识、调动各方积极性、营造品牌发展良好环境、促进品牌经济发展具有重要意义。

2017年9月5日,中共中央、国务院发布《关于开展质量提升行动的指导意见》强调,把质量强国战略放在更加突出的位置,为实现"两个一百年"奋斗目标奠定质量基础;着力打造中国品牌,培育壮大民族企业和知名品牌,引导企业提升产品和服务附加值,形成自己独有的比较优势;持续提高产品、工程、服务的质量水平、质量层次和品牌影响力,推动中国产业价值链从低端向中高端延伸,更深更广融入全球供给体系,中国制造、中国建造、中国服务、中国品牌国际竞争力显著增强。

2017年9月15日,习近平总书记向第二届中国质量(上海)大会致贺信说,"质量体现着人类的劳动创造和智慧结晶,体现着人们对美好生活的向往。中华民族历来重视质量。千百年前,精美的丝绸、精制的瓷器等中国优质产品就走向世界,促进了文明交流互鉴。今天,中国高度重视质量建设,不断提高产品和服务质量,努力为世界提供更加优良的中国产品、中国服务。"

2017年10月18日,习近平总书记在党的十九大报告中特别强调,"我国经济已由高速增长阶段转向高质量发展阶段","必须坚持质量第一、效益优先,以供给侧结构性改革为主线,推动经济发展质量变革、效率变革、动力变革,提高全要素生产率""把提高供给体系质量作为主攻方向,显著增强我国经济质量优势",建设"质量强国"。

党的十九大以来,中国品牌建设大大提速。2018年5月10日,中国品牌日前夕，中共中央政治局常委、国务院总理李克强就加强品牌建设作出重要批示。李克强指出，加强品牌建设，增加优质供给，是实现高质量发展、更好满足人民群众对美好生活需要的重要内容。新形势下，各地区、各部门要以习近平新时代中国特色社会主义思想为指导，瞄准人民群众的新需要和不断升级的市场需求，着力增品种、提品质、创品牌，弘扬企业家精神和工匠精神，使更多中国品牌伴随中国制造走向世界、享誉世界。

其次，2018年5月10日，首届**中国自主品牌博览会**在上海开幕，主题是"中国品牌，世界共享"。博览会由国家发改委、中宣部、工信部、农业农村部、商务部、市场监管总局、国家知识产权局、上海市政府主办。

国务院副总理胡春华讲话说，加快品牌发展是推动经济高质量发展的必由之路，是顺应人民美好生活新期待的客观要求，是增进全球消费者福利的多赢选择。胡春华倡议，各国企业要充分发挥市场主体作用，把握好中国对外开放的重大机遇，用好"一带一路"国际合作平台，相互交流、相互借鉴、加强合作，广大消费者、行业协会、第三方机构、新闻媒体等都要积极参与，共同推动品牌事业不断向前发展。

全国政协副主席、国家发改委主任何立峰在《人民日报》发表署名文章说，"顺应消费升级趋势，加快培育先进生产供应能力，扩大优质农产品、工业品和现代服务供给"。[1]

近年来，工信部狠抓《中国制造2025》，建立工信部工业品

---

[1] 何立峰：《加快构建支撑高质量发展的现代产业体系（纪念改革开放四十周年）》，来源：人民网—人民日报，2018-08-08-04:33。

牌培育专家组办公室；山东省狠抓"好品山东"工业品牌矩阵；上海市努力重构"上海制造"新优势等，都在中国品牌建设方面树立了很好的榜样。

再次，舆论宣传方面，中央电视台推出了《国家品牌战略》宣传计划，2019年改为《大国品牌》宣传计划。新华社推出了《民族品牌工程》，应该说效果良好。

其中，由中华社会文化发展基金会公益支持，中国地标文化研究中心与北京电视台联合出品的大型电视栏目《解码中华地标》，更是得到多方赞扬。根据收视率和网络点击率大数据，《解码中华地标》52期节目总点击播放量高于1000万次，按每期40分钟计算，国内外受众内容消费流量约为12亿分钟以上，折合微信、头条等内容消费流量约80亿人次，栏目本身也成为一个文化品牌，成为开发价值巨大的超级IP。

最后，习近平总书记在谈到品牌问题时讲到，"意大利将古老和现代、经典和创新相结合的生活方式和工业理念，给我留下了深刻印象"。"意大利制造"是高品质产品的代名词，意大利时装、家具广受中国消费者青睐，比萨饼、提拉米苏为青少年所喜爱。[1] 意大利人对"品牌"特别是"名牌"，有一个特别的称呼——"伟大的签名"（Grande Firma），意思是，"品牌"卖的是材料、技术、文化传承与创意。

从消费者角度来看，当解决了消费品"有没有"的功能性价值追求之后，消费行为就升级为对消费品"好不好"的品牌性价

---

[1] 习近平在意大利《晚邮报》发表题为《东西交往传佳话 中意友谊续新篇》的署名文章，来源：人民网—人民日报，2019年03月21日06:49。

值追求。

在这种语境之下，品牌作为一种生活方式切入到消费者日常生活之中，作为一种文化符号书写进消费者大脑皮层，结果往往是，消费者在没有从物质层面接触到品牌产品之前，已经从精神层面接纳了作为文化符号的产品品牌；在作为消费品的品牌产品被一次性使用或消耗后，作为文化符号的产品品牌仍然会留存在消费者的思想和习惯深处。这就是品牌的魅力。

作者在这里尽可能比较详尽地引用和阐述国家领导人的重要讲话精神和中央文件的重要论述，主要有这样两个考虑：一是想阐述质量强国、品牌建设的极端重要性。二来也是引导读者仔细观察和思考。国家领导人和中央文件，讲到中国品牌时，并不是仅仅局限于农产品，**中国产品，中国制造，中国建造，中国服务，**这些温暖人心、闪闪发光的字眼，熠熠生辉，光芒万丈，不仅照亮了中国品牌前进之路，也极大地启迪、激励着中华地标品牌的探索发展之路！

三、中华地标品牌的基本框架

中华地标品牌的基本内涵，主要包括农业地标品牌、工业地标品牌、文化地标品牌3个大类。

当然，这种以定性分析为主的划分也不是绝对的，事实上，不论农业品牌地标还是工业地标品牌，都有、也必须有浓重的地标文化色彩。这是必须说明的一个重点问题。

（一）农业地标品牌

农业地理标志品牌，是指农产品来源于某特定地区，该农产品能够强有力地带动农业增效和农民增收，它的品质、信誉或者其他特征，主要由该地区的自然因素或者人文因素所决定，并以地域名称冠名的农产品品牌。

案例：西湖龙井、波尔多葡萄酒。

（二）工业地标品牌

工业地理标志品牌，是指产品的特殊资源来源于某特定地区，或者在某地区按照特定工艺生产、加工的产品，改变了原材料的固有属性，富有科技创造的内生动力，且达到国际领先水平。既具有先进发展的工业文明，又能助推区域经济增长，以地域或企业名称冠名的工业产品品牌。

案例：宜兴紫砂、瑞士手表。

（三）文化地标品牌

文化地理标志品牌，是指以区域特色文化为核心内容，代表先进文化的前进方向，既能够满足人们精神需求和实用需求的产品、服务，又促进区域文化经济繁荣，具有文脉悠久性、品质差异性和特色文化专属性，并以地域名称或专用名称冠名的文化产品品牌。

案例：陕西剪纸、圣费尔明节（西班牙奔牛节）。

第四章　农业地标品牌

农业地标品牌的关键词是：产品来源于特定地域，产品品质和相关特征主要取决于自然生态环境和历史人文因素。

一、打造农业地标品牌的重要意义

2015年7月16日，习近平总书记在考察调研吉林省延边朝鲜族自治州和龙市东城镇光东村时强调，"中国有13亿人口，要靠我们自己稳住粮食生产。粮食也要打出品牌，这样价格好、效益好"。

值得注意的是，原质检、工商、农业三部门已经认定、登记、注册的地理标志产品中，80%以上都是农产品。

2018年6月26日，农业农村部发布《关于加快推进品牌强农的意见》提出，品牌强农是经济高质量发展的迫切要求，是推进农业供给侧结构性改革的现实路径，是提升农业竞争力的必然选择，是促进农民增收的有力举措。

农业农村部的这个文件提出，今后3—5年的奋斗目标是，重点培育一批全国影响力大、辐射带动范围广、国际竞争力强、文化底蕴深厚的国家级农业品牌，打造300个国家级农产品区域公用品牌，500个国家级农业企业品牌，1000个农产品品牌。促进农业增效、农民增收和农村繁荣，推动中国从农业大国向品牌强国转变。

2018年9月26日，新华社播发中共中央、国务院印发的《乡村振兴战略规划（2018—2022年）》（以下简称《规划》）主要内容，共11篇、37章，其中，第四篇《加快农业现代化步伐》，特别强调品牌的重要性："坚持质量兴农、品牌强农，深化农业供给侧结构性改革，""推动农业发展质量变革、效率变革、动力变革，持续提高农业创新力、竞争力和全要素生产率。"

在《规划》第四篇第十二章《加快农业转型升级》中，用两节的篇幅阐述农业品牌的重要地位。

《规划》第十二章第三节《壮大特色优势产业》明确要求，"以各地资源禀赋和独特的历史文化为基础，有序开发优势特色资源，做大做强优势特色产业。创建特色鲜明、优势集聚、市场竞争力强的特色农产品优势区，支持特色农产品优势区建设标准化生产基地、加工基地、仓储物流基地，完善科技支撑体系、品牌与市场营销体系、质量控制体系，建立利益联结紧密的建设运行机制，形成特色农业产业集群。按照与国际标准接轨的目标，支持建立生产精细化管理与产品品质控制体系，采用国际通行的良好农业规范，塑造现代顶级农产品品牌。实施产业兴村强县行动，培育农业产业强镇，打造一乡一业、一村一品的发展格局"。

《规划》第十二章第五节《培育提升农业品牌》就专门强调："实施农业品牌提升行动,加快形成以区域公用品牌、企业品牌、大宗农产品品牌、特色农产品品牌为核心的农业品牌格局。推进区域农产品公共品牌建设,擦亮老品牌,塑强新品牌,引入现代要素改造提升传统名优品牌,努力打造一批国际知名的农业品牌和国际品牌展会。做好品牌宣传推介,借助农产品博览会、展销会等渠道,充分利用电商、互联网+等新兴手段,加强品牌市场营销。加强农产品商标及地理标志商标的注册和保护,构建我国农产品品牌保护体系,打击各种冒用、滥用公用品牌行为,建立区域公用品牌的授权使用机制以及品牌危机预警、风险规避和紧急事件应对机制。"

2018年11月19日,农业农村部部长韩长赋主持召开部常务会议,审议并原则通过《国家质量兴农战略规划(2018-2022年)》。会议强调,质量兴农是加快推进农业由增产导向转向提质导向的必由之路,也是农业实现高质量发展的标志性要求,确保农产品质量安全是深入推进质量兴农的最重要内容,也是最基本的底线。

农业地标品牌,包括农产品区域公用品牌、农业企业品牌、农产品品牌。需要特别说明的是,原质检、工商、农业三部门认定的农业类地理标志,都是区域公共品牌,而不是企业品牌和农产品品牌。

同时,我们也要看到,我国现在是全世界最大的农产品进口国,每年农产品进口额占全球农产品贸易总额的十分之一以上。这对于中国农业地标品牌的发展,既是巨大挑战,也是全新发展机遇。

2017年—2019年中国农产品进口情况

年度	中国农产品进口额	同比增减	其中从美国进口数额	同比增减
2017	1258.6亿美元	…	241亿美元	…
2018	1371亿美元	+8.9%	162.3亿美元	-32.7%
2019.1–7	持续增长	…	66.9亿美元	-49.3%

数据来源：凤凰网 > 资讯 > 国际，陶然笔记，2019-10-13-22:43:11。

二、农业地标品牌案例——老山石斛

案例：《解码中华地标》第6期：解码云南——石斛传奇

英雄老山所在的云南省麻栗坡县，地处我国14个扶贫攻坚主战场之一的滇桂黔石漠化片区，种植石斛是当地民族同胞精准脱贫的主导产业。

围绕实现精准扶贫目标，打造农业地标品牌至关重要。为此，中国地标文化研究中心、北京电视台联合摄制《解码中华地标——云南麻栗坡篇》三集节目，向中外电视观众和网友重点推介老山茶、文山三七、老山石斛等农业地标品牌。2017年12月31日，《解码中华地标——石斛传奇》在北京电视台、网络平台播出后，引起社会强烈反响，当天网络点击量超过10万。与此同时，外交部驻麻栗坡县扶贫代表何江川同志积极协调，2018年1月6日，老山石斛产业合作社第一批石斛产品（石斛酒）发往北京，进入免税店。老山石斛产业合作社全体社员委托社长，专门给《解码中华地标》栏目组发来感谢信。2018年8月，经中加地理标志发展协会积极运作，老山石斛产品成功登陆加拿大温哥华，进入加拿大著名超市 No Frills（平价超市集团），成为"中华地标品牌国际体验中心"的首批成员。

三、中国重要农业地标品牌分析

研究农业类的地标品牌，我们感觉应该重点关注茶叶地标品牌、肉类地标品牌、大米地标品牌和道地药材地标品牌。

（一）茶叶地标品牌

在世界范围内，提到中国的农产品，品牌影响最大的，可能就是茶叶了。中国欧盟"10+10"地理标志产品名单中龙井茶赫然在列；中国欧盟"100+100"地理标志保护产品名单中，有28种是茶叶：安吉白茶、安溪铁观音、霍山黄芽、普洱茶、坦洋工夫茶、婺源绿茶、福州茉莉花茶、凤冈锌硒茶、正山小种、祁门红茶、松溪绿茶、凤凰单枞、狗牯脑茶、武夷山大红袍、安化黑茶、横县茉莉花茶、蒲江雀舌、峨眉山茶、朵贝茶、福鼎白茶、武夷岩茶、英德红茶、千岛银针、泰顺三杯香茶、麻城福白菊、宜都宜红茶、桂平西山茶、纳溪特早茶。

茶是中国的国民饮料，茶叶是我国重要的经济作物。2017年底，农业部网站发布2017年全国茶叶生产情况简报，全年干毛茶产量258万吨，比上年增加17万吨；总产值（不是市场流通总额）1920亿元，同比增长14.3%。2018年，全国茶园面积4400万亩，年产茶叶260万吨，分别占全球60%和45%，稳居世界第一位；茶叶每年有 10% 以上出口，出口额 16 亿美元左右；全国茶业从业人口 1.15 亿，其中茶农 8000 万。

那么，我国哪个省份茶叶产量最高？前十名都是谁？现在还没有看到分省市区的数据，还是采用 2016 年的数据，回答一下这个问题。

第一名，福建省，2016 年茶叶产量 37.96 万吨。本省名茶有铁观音、武夷岩茶、正山小种等。

第二名，云南省，2016 年茶叶产量 36.24 万吨。本省名茶有普洱茶、滇红茶、老山茶等。

第三名，四川省，2016 年茶叶产量 26.23 万吨。本省名茶有竹叶青、蒙山甘露、巴山雀舌等。

第四名，贵州省，2016 年茶叶产量 22.33 万吨。本省名茶有都匀毛尖、雷山银球茶、凤冈锌硒茶等。

第五名，湖北省，2016 年茶叶产量 19.69 万吨。本省名茶有青砖茶、宜红茶、老君眉茶等。

第六名，浙江省，2016 年茶叶产量 17.60 万吨。本省名茶有西湖龙井、大佛龙井、安吉白茶等。

第七名，湖南省，2016 年茶叶产量 17.24 万吨。本省名茶有君山银针茶、古丈毛尖、安化黑茶等。

第八名，安徽省，2016 年茶叶产量 11.32 万吨。本省名茶有黄山毛峰、六安瓜片、太平猴魁等。

第九名，广东省，2016 年茶叶产量 7.92 万吨。本省名茶有高山红茶、莞香茶、东水山茶等。

第十名，陕西省，2016 年茶叶产量 7.42 万吨。本省名茶有午子仙毫、紫阳毛尖、泾渭茯茶等。

值得注意的是，我国虽然是茶叶起源国，是世界上最大的茶叶生产国，但是人均茶叶消费量全球排名却远远靠后。2011年，联合国国际茶叶委员会（ITC）及 Euromontor 调查机构发布了全球各国人均茶叶消费量排名，第一名是土耳其，中国排在第十九名，人均茶叶消费量是土耳其的17.9%。[1] 全球人均茶叶消费量前十名国家（地区）是：

排序	国家（地区）	人均茶叶消费量（千克）
1	土耳其	3.16 千克
2	爱尔兰	2.19 千克
3	英国	1.94 千克
4	伊朗	1.50 千克
5	俄罗斯	1.38 千克
6	摩洛哥	1.22 千克
7	新西兰	1.19 千克
8	埃及	1.01 千克
9	波兰	1.00 千克
10	日本	0.968 千克
19	中国	0.566 千克

（二）肉类（猪肉）地标品牌

生猪是我国最重要的畜牧产品，猪肉是我国民众消费量最大的肉类品种，直接关系到国计民生、关系到农民增收、关系到社会稳定。

统计数据显示，我国猪肉消费需求已经逐步进入"量稳质升"

---

[1] 数据来源：网易新闻—数据，2014-08-27。

阶段，消费者注重质量、注重品牌成为消费升级的趋势，为地标产品生产和供给带来重大历史机遇。一方面，社会猪肉需求总量下降、幅度收窄。从消费终端来看，近年来猪肉消费量呈递减趋势，从2014年顶峰时期的5719万吨下降至2016年的5498万吨，降幅达到3.87%。但整体降幅收窄，2016年同比下降1.24%，2017年同比下降0.08%。与此同时，市场需求持续疲软，节假日对于猪价的拉动作用明显减弱。

国家统计局数据显示，2014年我国人均猪肉年消费量在达到41.81公斤的历史高点后，掉头向下，已连续两年回落，2016年降至39.76公斤。预计未来猪肉消费总量趋于平稳，2018年猪肉消费量与2017年基本持平。

另一方面，优质猪肉却供不应求，虽然当前的高端猪肉价格难以让大多数普通家庭承受。此外，猪肉消费种类将产生变化。目前，国内猪肉消费仍然以鲜猪肉为主，猪肉制品占猪肉类消费量的不足15%。相比之下，美国肉制品占比超过67%，而日本肉制品市场中三大类低温肉制品（培根、火腿、香肠）达到90%。我国未来鲜肉消费将逐渐向肉制品消费演进，从2005年至2020年，冷鲜肉和冷冻肉占猪肉消费整体比例预计将从12%上升至52%。

农产品地理标志，有四个基本构成要素，通俗些说有"四大支柱"，时尚些说有"四大维度"，即独特的品质特性、独特的生产方式、独特的自然生态环境、独特的人文历史因素。杀年猪，吃杀猪菜，全国哪家猪肉好？按照这"四个独特"，在农业农村部地标产品名单上对照如下：

（1）兴平关中黑猪，陕西省，2008年登记，证书持有人——

兴平市畜牧兽医站，登记证书编号 AGI00024；

（2）巴彦猪肉，黑龙江省，2008年登记，证书持有人——巴彦县农产品质量安全协会，登记证书编号 AGI00040；

（3）汉中白猪，陕西省，2008年登记，证书持有人——汉中市动物疾病预防控制中心，登记证书编号 AGI00115；

（4）浦市铁骨猪，湖南省，2010年登记，证书持有人——泸溪县畜牧工作站，登记证书编号 AGI00208；

（5）焦溪二花脸猪，江苏省，2010年登记，证书持有人——常州市焦溪二花脸猪专业合作社，登记证书编号 AGI00235；

（6）乐平花猪，江西省，2010年登记，证书持有人——乐平市花猪原种场，登记证书编号 AGI00246；

（7）修水杭猪，江西省，2010年登记，证书持有人——修水县杭猪原种场，登记证书编号 AGI00247；

（8）宁乡猪，湖南省，2010年登记，证书持有人——宁乡县畜牧水产技术推广站，登记证书编号 AGI00256；

（9）陆川猪，广西自治区，2010年登记，证书持有人——陆川县动物疫病预防控制中心，登记证书编号 AGI00331；

（10）兰西民猪，黑龙江省，2010年登记，证书持有人——兰西县东北民猪产业协会，登记证书编号 AGI00456；

（11）沙子岭猪，湖南省，2010年登记，证书持有人——湘潭市家畜育种站，登记证书编号 AGI00458；

（12）淮安黑猪，江苏省，2010年登记，证书持有人——淮安市生猪产业协会，登记证书编号 AGI00461；

（13）徒河黑猪，山东省，2010年登记，证书持有人——济

阳联富养猪专业合作社,登记证书编号AGI00483;

(14)雷波芭蕉芋猪,四川省,2011年登记,证书持有人——雷波县畜牧站,登记证书编号AGI00574;

(15)冕宁火腿,四川省,2011年登记,证书持有人——冕宁县畜牧局,登记证书编号AGI00632;

(16)内江猪,四川省,2011年登记,证书持有人——内江市种猪场,登记证书编号AGI00633;

(17)岷县蕨麻猪,甘肃省,2011年登记,证书持有人——岷县康源养殖专业合作社,登记证书编号AGI00642;

(18)西昌高山黑猪,四川省,2011年登记,证书持有人——西昌市饲草饲料工作站,登记证书编号AGI00699;

(19)从江香猪,贵州省,2011年登记,证书持有人——从江县畜牧兽医协会,登记证书编号AGI00701;

(20)通城猪,湖北省,2011年登记,证书持有人——通城县新三汇绿色农产品专业合作社,登记证书编号AGI00805。

(21)互助八眉猪,青海省,2012年登记,证书持有人——互助土族自治县畜牧兽医工作站,登记证书编号AGI00868;

(22)枫泾猪,上海市,2012年登记,证书持有人——上海市金山区农学会,登记证书编号AGI00889;

(23)莱州烟台黑猪,山东省,2012年登记,证书持有人——莱州市龙翔养猪专业合作社,登记证书编号AGI00919;

(24)莱芜猪,山东省,2012年登记,证书持有人——莱芜市畜牧兽医协会,登记证书编号AGI00927;

(25)潼南罗盘山猪,重庆市,2012年登记,证书持有人——

潼南县畜牧技术推广站，登记证书编号 AGI00947；

（26）金华两头乌猪，浙江省，2013年登记，证书持有人——金华市畜牧兽医局，登记证书编号 AGI01094；

（27）玉山黑猪，江西省，2013年登记，证书持有人——玉山县农村经营管理站，登记证书编号 AGI—01106；

（28）东山猪，广西自治区，2013年登记，证书持有人——全州县畜牧技术推广站，登记证书编号 AGI—01154；

（29）崇明沙头乌猪，上海市，2013年登记，证书持有人——上海市崇明县种畜场，登记证书编号 AGI01285；

（30）嘉定梅山猪，上海市，2013年登记，证书持有人——上海市嘉定区梅山猪育种中心，登记证书编号 AGI01286；

（31）上高蒙山猪，江西省，2013年登记，证书持有人——上高县六旺牧业专业合作社，登记证书编号 AGI01296；

（32）嘉祥大蒲莲猪，山东省，2013年登记，证书持有人——济宁嘉祥东三大蒲莲猪养殖协会，登记证书编号 AGI01311；

（33）黔北黑猪，贵州省，2013年登记，证书持有人——遵义市黔北黑猪养殖专业合作社，登记证书编号 AGI01345；

（34）乐安花猪，江西省，2014年登记，证书持有人——乐安县农业技术推广服务中心，登记证书编号 AGI01400；

（35）梁山黑猪，山东省，2014年登记，证书持有人——梁山县大义和养猪协会，登记证书编号 AGI01406；

（36）禄劝撒坝猪，云南省，2014年登记，证书持有人——禄劝彝族苗族自治县畜牧兽医总站，登记证书编号 AGI01346；

（37）保山猪，云南省，2014年登记，证书持有人——保山市动物卫生监督所，登记证书编号 AGI01437；

（38）富源大河乌猪，云南省，2014 年登记，证书持有人——富源县大河乌猪产业发展协会，登记证书编号 AGI01438；

（39）南陵圩猪，安徽省，2014 年登记，证书持有人——南陵县畜牧兽医局，登记证书编号 AGI01465；

（40）临沂沂蒙黑猪，山东省，2014 年登记，证书持有人——临沂市畜牧站，登记证书编号 AGI01475；

（41）紫云花猪，贵州省，2014 年登记，证书持有人——紫云县畜禽品种改良站，登记证书编号 AGI01490；

（42）毕节可乐猪，贵州省，2014 年登记，证书持有人——毕节市畜牧技术推广站，登记证书编号 AGI01491；

（43）丹巴香猪腿，四川省，2014 年登记，证书持有人——丹巴县动物疾病预防控制中心，登记证书编号 AGI01567；

（44）滇陆猪，云南省，2014 年登记，证书持有人——陆良县滇陆猪研究所，登记证书编号 AGI01574；

（45）诺邓火腿，云南省，2014 年登记，证书持有人——云龙县畜牧工作站，登记证书编号 AGI01576；

（46）桃源黑猪，湖南省，2015 年登记，证书持有人——桃源县畜牧兽医水产技术推广站，登记证书编号 AGI01633；

（47）迪庆藏猪，云南省，2015 年登记，证书持有人——迪庆藏族自治州畜牧水产技术推广站，登记证书编号 AGI01647；

（48）浦北黑猪，广西自治区，2015 年登记，证书持有人——浦北县畜牧站，登记证书编号 AGI01701；

（49）螺髻山黑猪，四川省，2015 年登记，证书持有人——

普格县畜牧局畜牧站，登记证书编号 AGI01709；

（50）襄阳大耳黑猪，湖北省，2016年登记，证书持有人——襄阳市襄城区卧龙镇襄阳黑猪养殖专业技术协会，登记证书编号 AGI01842；

（51）隆林猪，广西自治区，2016年登记，证书持有人——隆林各族自治县畜牧品改站，登记证书编号 AGI01856；

（52）诺邓黑猪，云南省，2016年登记，证书持有人——云龙县畜牧工作站，登记证书编号 AGI01872；

（53）闽北花猪，福建省，2016年登记，证书持有人——顺昌县畜牧站，登记证书编号 AGI01916；

（54）乌审旗皇香猪，内蒙古自治区，2016年登记，证书持有人——内蒙古乌审旗农牧业产业化办公室，登记证书编号 AGI01947；

（55）大田槐猪，福建省，2017年登记，申请人全称——大田县畜牧兽医水产中心，质量控制技术规范编号 AGI2017-01-2025；

（56）地灵花猪，广西自治区，2017年登记，申请人全称——龙胜各族自治县水产畜牧站，质量控制技术规范编号 AGI2017-01-2042；

（57）东兰黑山猪，广西自治区，2017年登记，申请人全称——东兰县畜牧管理站，质量控制技术规范编号 AGI2017-01-2043；

（58）屯昌黑猪，海南省，申请人全称——屯昌县养猪协会，质量控制技术规范编号 AGI2017-01-2051；

（59）枣庄黑盖猪，山东省，申请人全称——枣庄市黑盖猪养殖协会，质量控制技术规范编号 AGI2017-04-2203。

（三）大米地标品牌

大米是我国最重要的粮食作物，也是国民最基本的四大主粮之首。据国家统计局数据，2017年全国稻谷播种面积达到3017.6万公顷（4.526亿亩），与上年基本持平；单产为6911kg/公顷（亩产461公斤），较上年增加50kg/公顷，同比增幅为0.72%；总产量增至20856万吨，较上年增加148万吨，增幅为0.72%。

当前，中国经济已由高速增长阶段转为高质量发展阶段，供给侧结构性改革成为发展主线，农业正在由增产导向转向提质导向。作为最重要的农业产业之一，稻米行业也必须要适应新时代的新需求，走上新的发展道路。但是目前，我国稻米行业还存在一些问题，主要体现在稻米品牌混杂、产品同质化严重和企业无序竞争三个方面。必须拓展行业发展思路，汲取各国先进经验，推动中国稻米品牌走向世界。

我国幅员辽阔，稻谷种植遍及全国，各省市县几乎都有当地的优质稻米产出，地理标志品牌大米种类繁多。中国欧盟"100+100"地理标志产品名单中，就有肇源大米、五常大米、盘锦大米、宁夏大米等4种。随着中国消费升级时代的来临，特别是在家庭消费端，消费者越来越注重大米的品质和品牌，越来越讲究是否是地理标志保护产品。

2018年10月9日—10日，中国国际大米品牌大会暨第二届中国（哈尔滨）国际稻米论坛召开，会议由中国优质农产品开发服务协会、中国粮食行业协会等主办，黑龙江省农业委员会、省商务厅、省粮食局、省农科院共同协办，在冰城哈尔滨成功召开。

大会发布"2018中国十大大米区域公用品牌"，五常大米、兴化大米、射阳大米、盘锦大米、庆安大米、宁夏大米、兴安盟大米、榆树大米、方正大米、罗定稻米等大米区域品牌入选；大会发布第二届"中国十大好吃米饭"，兴唐牌、天极牌、双洁牌、乾蕴牌、锦珠牌、吉裕牌、圣上壹品牌、谷投味道牌、亚灿米牌、瑶家庄牌等大米产品品牌荣登榜单。据悉，本次评选活动是在农业农村部市场与信息化司的支持下，优农协会邀请中国农业科学院作物科学研究所、中国水稻研究所等国内权威机构及国内资深的稻米专家组成专家评审团，委托中国农业科学院作物科学研究所针对农药残留、支链淀粉等检测并出具第三方的检测报告。专家评审团根据品牌申报材料、实验室测评数据及现场评审。

说起中国大米第一地理标志品牌，非"五常大米"莫属。五常市是中国优质稻米之乡，中国好粮油行动示范市，国家有机绿色稻香米核心产区，年产50多万吨五常大米，品质优良，天然绿色，享誉全国，远销日韩欧美和东南亚。

据中国海关数据，2017年我国大米进口量为399万吨，同比增加45.8万吨，增幅12.96%。2017年由于巴基斯坦大米价格竞争优势减弱，我国从越南、泰国进口大米量增加，使得进口来源更趋集中。具体来看，我国从越南进口大米226万吨，占进口总量的56.72%；从泰国进口大米112万吨，占进口总量的22.98%。自越南、泰国的大米进口量占比已达2012年我国大量进口大米以来的最高值。而自巴基斯坦的大米进口量从2016年的70万吨降至2017年的27万吨，占进口总量的比率也由19.91%降至6.83%。自2012年大规模进口大米以来，近5年我国大米进口量的年均增幅为 11% 左右。

（四）道地药材地标品牌

"道"是中国历史上的地理行政区划概念，始于汉代，定型于隋唐，唐代贞观元年（公元 627 年），依据山川地形将全国分为关内、河南、河东、河北、山南、陇右、淮南、江南、剑南、岭南十道（监察区），后世有所增加。公元 682 年，药王孙思邈在《千金翼方》中，有《药出州土篇》，首次把 519 种药物按产地分为 13 道，集中论述。

千百年来，道地药材始终以药材"道地产区"为条件，"择优而立"为标准，"质优效佳"为标志，"技术规范"为保障，"中华人文"为特色，专指具有特定地理产区、品种优异、品质上乘、产量大而稳定、生产炮制加工规范、临床效果显著、世所公认、久负盛名的优质正品药材。如道地药材川贝母、川附子、广陈皮、广藿香、辽五味、辽细辛、文三七、怀地黄、宁夏枸杞、西宁大黄等，在药材前冠以地名，以示其道地产区，与现代地理标志产品命名的基本规则如出一辙。

中国道地药材是体现中国形象的地理标志产品，不仅是药材生产的地理概念，更重要的是质量概念、经济概念和文化概念，是中国传统文化的标志和金字招牌，是中国药材"品质性效用"的集中体现，是中华民族创造的影响世界的中国思想、中国形象和中国制造。

道地药材是中医药的精髓，是我国特有的珍贵的文化遗产。

它是优质中药材的代名词。常用500种中药材中，具有道地性的药材约占200种，其用量占中药材总用量的80%。由于道地药材在道地产区种植规模相对较大，栽培加工技术先进，生产成本低，加之质量优良，市场信誉好，具有良好竞争优势和较高经济效益。因此，不少道地产区的农民都以种植、加工、销售道地药材为主要经济来源。

由于道地药材与非道地药材相比有明显的价格优势，市场上非道地药材冒充道地药材时有发生，严重影响了道地药材的疗效，甚至影响到人们的用药安全。当前，在道地药材生产上主要表现为：一是盲目引种道地药材，许多非"道地"药材产区也盲目种起了"道地药材"，造成药材品种混乱。二是道地药材产区药材种质混杂，品种退化，导致药材品质参差不齐。三是道地药材产区种植、生产、加工、贮存等分散无序，不规范，使药材质量不稳定。甚至，由于环境质量下降，真正的道地药材也面临重金属、农残等超标的威胁。四是道地药材知识产权保护工作滞后，缺乏有效的保护手段。以上种种，不仅造成道地药材质量下降，更重要的是造成道地药材特征被淡化或混淆，使非道地产区的药材流进道地药材市场充当"道地药材"成为可能。而道地药材市场上这种以假乱真、以次充好的现象屡见不鲜，归根结底是由于道地药材质量标准的缺乏造成。缺少基本的质量评价标准，导致道地药材的鉴别和辨识缺少依据，既是道地药材品种混乱的客观原因，更是使道地药材保护缺少法律依据的客观原因。

道地药材标准是规范道地药材的市场流通、促进道地药材质量提高的基础。为此，国家中医药管理局先后启动中医药行业科研专项"苍术等道地药材鉴别特征的提取研究"、中医药标准化项目"道地药材标准示范研究""道地药材标准通则""道地药材标准"等课题支持道地药材标准研究。《道地药材通则》《道地药材茅山苍术》等27个道地药材标准的颁布将为药材消费者、生产者、经销商、政府等相关方带来利益，如为消费者买到货真价实的道地药材提供了鉴别标准；为道地药材生产者、经销商在道地药材生产和经营中获得比非道地药材更大的利益提供了技术及法律依据；为政府提倡道地药材保护提供了切实可行的标准和依据。对全面保护我国道地药材及传统知识保护，加速中药标准进程具有深远意义。

截至2015年10月，国家中医药管理局授权，中国科学院中药资源中心牵头，全国中药标准化技术委员会审定，中国中药协会颁布了《道地药材通则》等35个相关团体标准。这些标准的颁布将为道地药材生产和经营提供技术及法律依据；为政府提倡道地药材保护提供切实可行的标准和依据。对全面保护我国道地药材及传统知识保护，加速中药标准进程具有深远意义。

近年来，国家高度重视道地药材的规范化种植，先后有丹参、三七、人参、绞股蓝、板蓝根等56种中药材获得国家GAP证书。[1]

据专业研究报告显示，我国的中药材种植业主要以道地药材品类的三七、石斛、当归、地黄、人参、丹参、枸杞子等为主。2013—2017年，我国中药材种植行业销售收入从850.8亿元增长

---

1 参见彭成主编：《中华道地药材》，中国中医药出版社2011年版，第6页。

到 1667.4 亿元，年均复合增长率为 18.3%；2018—2022 年，预测将会以 9.3% 以上的年均复合增长率增长，2022 年中药材种植行业销售收入将达到 2621.7 亿元以上。[1]

道地药材种植业成为农业地标产业的闪亮增长点。

---

[1] 参见毛嘉陵主编：《中国中医药文化与产业发展报告（2017-2018）》，社会科学文献出版社 2019 年版，第 211-212 页。

第五章　工业地标品牌

工业地标品牌的关键词是，独特资源、产业传承、核心技术、工匠精神、市场商誉。

一、中国制造能力世界第一

工业地标品牌，也就是中国制造品牌。

2014年5月10日，习近平总书记在河南考察调研时指出，"装备制造业是一个国家制造业的脊梁，目前我国装备制造业还有许多短板，要加大投入、加强研发、加快发展，努力占领世界制高点、掌控技术话语权，使我国成为现代装备制造业大国。"

习近平总书记在党的十九大报告中强调，加快建设制造强国，加快发展先进制造业，推动互联网、大数据、人工智能和实体经济深度融合，在中高端消费、创新引领、绿色低碳、共享经济、现代供应链、人力资本服务等领域培育新增长点、形成新动能。促进我国产业迈向全球价值链中高端，培育若干世界级先进制造业集群。

围绕落实习近平总书记关于中国制造的战略思想，2015年

5月8日，国务院以国发〔2015〕28号文件印发《中国制造2025》，以促进制造业创新发展为主题，推动实现制造业由大变强的历史跨越。此后，国家开展了以城市（城市群）为载体的"中国制造2025"试点示范工作。2017年11月，国务院办公厅印发《关于创建"中国制造2025"国家级示范区的通知》，对"中国制造2025"国家级示范区创建工作进行全面部署。现在，大疆、摩拜单车、中国品牌智能手机在海外人气不减；复兴号高铁、北斗导航、C919客机等一张张响亮的"中国名片"，更成为"中国创造"的有力见证。这些创新成果的涌现，改变了国际社会对中国制造的认识，"模仿跟随"不再是中国产品的代名词，"创新创造"才是其核心竞争力。

经过多年的发展，中国制造业发展取得了显著成绩，总体规模位居世界前列，钢铁、水泥、汽车等220多种工业品产量居世界第一位，制造业净出口居世界第一位，制造业产值占全球比重达到33%，连续几年保持世界第一大国地位。因此作者通过对新时期我国工业的整体发展、科技的进步、知识产权保护等方面进行探索与思考。

二、工业品能否算是地理标志品牌

地理标志最早出现在《保护工业产权巴黎公约》，下面引用一下原文：

保护工业产权巴黎公约

1883 年 3 月 20 日

第一条

本联盟的建立；工业产权的范围

(1) 适用本公约的国家组成联盟，以保护工业产权。

(2) 工业产权的保护对象有专利、实用新型、工业品外观设计、商标、服务标记、厂商名称、货源标记或原产地名称，和制止不正当竞争。

(3) 对工业产权应作最广义的理解，它不仅应适用于工业和商业本身，而且也应同样适用于农业和采掘业，适用于一切制成品或天然产品，例如：酒类、谷物、烟叶、水果、牲畜、矿产品、矿泉水、啤酒、花卉和谷类的粉。

(4) 专利应包括本联盟国家的法律所承认的各种工业专利，如输入专利、改进专利、增补专利和增补证书等。[1]

在目前世界知识产权组织 WIPO 工作框架内，专门有商标、工业品外观设计和地理标志法律常设委员会（SCT）。

举一个瑞士国家地理标志产品——瑞士手表的案例作为参考。

手表上标识的"SWISS（瑞士）"字样［或最常见的"SWISS MADE（瑞士制造）"］，表示这只手表是依照全世界享有盛誉的瑞士制表业的传统、工艺和质量标准制造的。但就手表而言，与"瑞士制造"这一地理标志相关联的标准是什么？1971 年 12

---

[1] WIPO 网站中文版。

月23日的《联邦委员会条例》就"瑞士"这一名称在手表上的使用作了规定。依照制表业的要求,该条例于2016年6月17日进行了部分修订,以加强对该地理标志的保护。据瑞士钟表工业联合会称,此次修订的目的在于"确保让那些在购买瑞士制造的手表时,期望购买的商品符合瑞士制表业的传统品质和声誉,并因此使购买在瑞士制造且具有瑞士原装产品的高附加值的消费者满意"。[1]

根据该条例,可在手表上使用地理标志"瑞士(SWITZERLAND)"和"瑞士(SWISS)"的情况有:

·该表的技术开发在瑞士进行;

·其机芯(手表动力配件)为瑞士生产;

·其机芯在瑞士装配;

·制造商在瑞士进行最终检验;以及

·至少60%的制造成本在瑞士产生。

机芯被认为是瑞士产的情况有:

·该机芯在瑞士组装;

·技术开发在瑞士进行;

·在瑞士接受了制造商的检验;

·至少60%的制造成本在瑞士产生;以及

·不考虑组装成本,瑞士制造的零件至少占机芯总价值的50%。

再举一个美国的案例:

2017年,美国总统特朗普签署公告,正式开启"美国制造周"活动,并把7月17日定为"美国制造日"。

---

[1] 参见世界知识产权组织WIPO出版物《地理标志:概述》,WIPO官方网站中文版。

第五章
工业地标品牌

2018年7月23日,特朗普在白宫举办"美国制造"产品展览。展览会要求,所有参展的产品必须是正正经经的美国本土货,可以包含"忽略不计的外国元素",最后的组装和加工,必须在美国境内完成。

美国各州选送的"地标产品"简单列举如下:

缅因州	羊毛纱
得克萨斯州	靴子
康涅狄格州	空心棒球
科罗拉多州	滑雪板
佛蒙特州	曲奇饼干
西弗吉尼亚州	香肠卷
田纳西州	月亮派(蛋糕)[1]

总结一下前面的理论引证和案例说明,从"**地理标志产品**"角度看,现行的理论和管理政策,好像涵盖不了酒类、烟草以外的大多数工业品类;但是,从"**地理标志品牌**"角度看,"工业地标品牌"这一提法,是具备条件的。

事实上,从中华人民共和国成立后的解放牌汽车、东方红拖拉机、凤凰牌自行车,再到如今的海尔冰箱、格力空调、华为手机,这些中国制造品牌不仅见证和支撑了中国站起来、富起来、强起来的伟大历史进程,更成为中国地标品牌和地标文化的杰出代表。在这方面,上海市的四大品牌建设之一"上海制造"、山东省的"山东好品"、江苏省打造地方工业产业地标等,既反映出群众实践的伟大创造性,也顺应了时代要求和市场期盼。如何让我国

---
[1] 凤凰网资讯 2018–07–24–16:46:06,来源:环球网。

现代化先进的工业产品以地理标志的身份进入国际化发展与保护体系，提升体系品牌竞争力值得思考。

三、中国工业地标品牌案例分析

十八世纪中叶开启工业文明以来，世界强国的兴衰史和中华民族的奋斗史一再证明，没有强大的制造业，就没有国家和民族的强盛。打造具有国际竞争力的制造业，是我国提升综合国力、保障国家安全、建设世界强国的必由之路。

镇江香醋

（一）国家公告号

国家质量监督检验检疫总局公告 2016 年第 18 号。

（二）保护范围

镇江香醋地理标志产品保护范围限于国家质量监督检验检疫总局批准划定的江苏省镇江市行政区，位于北纬 31°37'~32°19'、东经 118°58'~119°58' 的区域内，由镇江市所辖京口区、润州区、镇江新区、丹阳市、句容市、扬中市和丹徒区构成。

（三）产品特点与技术工艺

1. 产品特点

镇江香醋具有"色、香、酸、醇、浓"五大特色。其色泽清亮，酸味柔和、醋香浓郁、风味纯正、口感绵和、香而微甜、色浓而味鲜，且久存其质不变，却更加香醇。与山西醋相比，镇江香醋的最大特点在于微甜。尤其蘸以江南的肉馅小吃食用的时候，微甜更能体现出小吃的鲜美。

2. 技术工艺

镇江香醋的酿造是用含有多种微生物的大曲（麦曲）为糖化发酵剂进行酿酒。在这个过程中先是由曲霉所分泌的淀粉酶将原料中的淀粉转化为葡萄糖，同时又由酵母菌所分泌的酒化酶将葡萄糖转化为酒精。大曲在酿制镇江香醋过程中起到极其重要的作用，它的主要功用是作为糖化发酵剂，同时它的分解蛋白质、产酯功能等与镇江香醋特有的风味、特色有着密切的关系。

独特的"固态分层发酵"工艺：镇江香醋之所以能够超过其他同类产品，主要原因就是采用独特的"固态分层发酵"工艺。"固态分层发酵" 工艺是醋酸发酵过程中一个很重要的关键过程，是镇江制醋业1400多年来丰富的技术积累。通过"固态分层发酵"的方法，保证原料有足够的氧气、一定的营养比例、恰当的水分和适宜的温度，有利于醋酸菌的繁殖，以利于逐步将原料中的酒精氧化成酯酸。无可比拟的醋酸菌种：镇江温暖湿润的气候环境十分适宜微生物的生长。在镇江香醋多年的发展和传承过程中，香醋酿造的极端酸任环境对酿醋微生物进行自然选择和驯化，各种微生物经过遗传、变异、消长和衍化等微生物群落的演替，形成了镇江香醋独有的酿造微生物区系，特别是酿醋微生态环境中富集了丰富的可耐强酸的醋酸菌种。

恒兴是镇江最大的香醋生产企业，也是中国最大的制醋企业、中国食醋业首家上市公司、国家级农业产业化重点龙头企业。在国内，恒兴连续20年全国销量领先，并先后获得"中华百年传承品牌""消费者喜爱的食品品牌"等奖项。在国际上，恒兴是金砖会议指定调味品，出口欧美、日本等37个国家，供应我国驻外国使（领）馆160多个。恒兴在成为"中国味道"的同时，也将醋香在全球传播。公司经营的"正顺""恒元"两个品牌多年被评为镇江市知名商标，2016年"正顺"又被评为江苏省著名商标，现又重磅推出"恒金"这一品牌。公司连续多年被镇江市技术监督局评为"规范生产、诚信经营"示范企业荣誉称号，是2002年首批获得"国家地理标志保护产品"的企业之一，也是首批获得"镇江香醋"集体商标使用资格的企业之一。镇江恒兴香醋酿造技艺已被列入首批国家级非物质文化遗产名录，这也是江苏省食品制造业中唯一入选的传统手工技艺。

景德镇瓷器

（一）国家公告号

国家质量监督检验检疫总局公告2005年第63号。

（一）保护范围

景德镇瓷器原产地地域范围以江西省景德镇市人民政府《关于界定景德镇瓷器原产地域产品保护范围的函》（景府文〔2004〕41号）提出的地域范围为准，为江西省景德镇市珠山区、昌江区、乐平市、浮梁县所辖行政区域。

（三）产品特点与技术工艺

1. 产品特点

景德镇四大传统名瓷——青花、玲珑、粉彩、颜色釉声名远播，近年新彩瓷又蓬勃发展，且融入工艺、书法、绘画、雕塑、诗词的艺术精品行于九域，施及外洋，最终赢得"瓷都"的美誉，也为传播中华文化艺术做出了重大贡献。产品品种分别为：青花瓷、玲珑瓷、高温颜色釉瓷、粉彩瓷、新彩瓷。

2. 技术工艺

原料：选用保护范围内所产的原料——高岭土、瓷石、釉果、釉灰。高岭土含铁量在 0.7%~1%，瓷石含铁量在 0.4%~0.7%。要求原料精选，漂洗干净。

原料加工：用传统工艺原料经破碎、研磨、过筛、除铁、陈腐制成坯泥、釉料。

成型：根据不同产品器型，分别选用可塑法、浇注法、手工技艺法成型。

施釉：根据产品不同器型，分别选用汤釉、浸釉、沾釉、喷釉、涂釉的施釉方法。釉层厚薄得当，均无缺损。

烧成：高温一次氧化—还原焰烧成。

以改革和创新为动力，建设陶瓷科技城四个基地：一是产业化基地。景德镇陶瓷工业园先后成为省级开发区、国家火炬计划陶瓷新材料及制品产业基地，并被国家工信部认定为全国目前唯一"国字号"的国家新型工业化陶瓷产业基地。二是教育基地。景德镇不仅拥有全国唯一的陶瓷高等学府——景德镇陶瓷学院，而且还拥有景德镇学院，江西省陶瓷工艺美术职业技术学院，部、省、市级陶瓷研究所，以及一批国家级的培养、研究、检测、标准化中心。景德镇已经成为全国陶瓷行业创新基地和江西省重要的科技创新基地。三是研发基地。景德镇国家日用及建筑陶瓷工程中心是江西省组建的第一个国家级工程技术研究中心，通过整合优质资源，成功研发了一大批科研成果，产生了巨大的经济效益和社会效益。四是贸易基地。中国景德镇国际陶瓷博览会由商务部、中国轻工业联合会、中国国际贸易促进委员会、江西省人民政府共同主办，是集陶瓷精品展示、陶瓷文化交流、陶瓷产品交易为一体的国际化陶瓷专业博览会，经过十余年打造，瓷博会的成效日益凸显。2016年陶瓷产业总产值达366.7亿元。

岫岩玉

（一）国家公告号

国家质量监督检验检疫总局公告2005年第206号。

（二）保护范围

岫岩玉产品地理标志产地保护范围以辽宁省鞍山市岫岩满族自治县人民政府《关于界定岫岩玉地理标志产品保护范围的请示》（岫政〔2002〕10号）提出的地域范围为准，为辽宁省鞍山市岫岩满族自治县现辖行政区域。

（三）产品特点与技术工艺

1. 产品特点

岫岩玉山生水藏，质地坚韧，细腻润泽，光泽明亮，色彩丰富。有块度大、色度美、明度高、净度纯、密度好、硬度足六大特点，自古以来就是理想的玉雕材料。

2. 技术工艺

原料感官特征：岫玉（蛇纹石质玉）一般为致密块状构造雕

性和抛光性好。半透明至微透明，玻璃光泽至蜡状光泽，常见颜色有绿色、黄色、白色、灰色、黑色、褐色或花色等。岫岩软玉（活闪石质玉）以致密块状构造，毛毡状结构为王，质地细腻。微透明至不透明，玻璃光泽至油脂光泽，常见颜色有白色、黄白、青白、青糖碧墨等。

原料理化特征：（1）岫玉（蛇纹石质玉）：摩氏硬度 4.7~5.4，密度 2.49~2.64 克／立方厘米，折射率 1.55~1.56。（2）岫岩软玉（透闪石质玉）：摩氏硬度 5.6~6.5，密度 2.91~3.06 克／立方厘米，折射率 1.60~1.62。

产品质量特征：（1）感官特征：造型古朴雄健，摆放平稳，优美，自然，真实，生动传神。构图的布局、章法有疏有密，层次分明，主题突出。做工细致精湛，浑厚圆润，打磨光滑，玲珑剔透。大面平顺，小地利落。运用多种技法，量料取材，因材施艺，剜脏遮绺，巧用俏色。（2）质量等级：优级品、一级品和二级品。

绍兴黄酒

（一）国家公告号

国家质量监督检验检总局公告 2000 年第 3 号。

（二）保护范围

以浙江省人大常委会发布的《浙江省鉴湖水域保护条例》第二条规定的鉴湖水域保护范围为准。

浙江省人大常委会发布的《浙江省鉴湖水域保护条例》第二条规定：鉴湖水域的保护范围分特别保护区和一般保护区。特别保护区：东起绍兴市郊稽山桥，西至绍兴市湖塘乡西跨湖桥之间的鉴湖主体水域，及其南侧1000米、北侧500米内的水域，以及西郭水厂与南门水厂上游1000米、下游500米内的水域。一般保护区：南池江、坡塘江、娄宫江、漓渚江、秋湖江、项里江、型塘江、夏履江、西小江等鉴湖上游水域，特别保护区北侧边界至萧甬铁路之间的下游水域。鉴湖水域沿岸的部分陆地列入一般保护区，其范围由省环境保护部门会同绍兴市人民政府和萧山区人民政府划定。

（三）产品特点与技术工艺

1. 产品特点

绍兴黄酒主要呈琥珀色，即橙色，透明澄澈，纯洁可爱，使人赏心悦目。这种透明琥珀色主要来自原料米和小麦本身的自然色素和加入的适量糖色。

绍兴黄酒具有诱人的馥郁芳香，这种芳香不是指某一种特别重的香气，而是一种复合香，是由酯类、醇类、醛类、酸类、羰基化合物和酚类等多种成分组成的。这些有香物质来自米、麦曲本身以及发酵中多种微生物的代谢和贮存期中醇与酸的反应，它们结合起来就产生了馥香，而且往往随着时间的久远而更为浓烈，所以绍兴酒又称老酒，因为它越陈越香。

2. 技术工艺

原料要求：糯米应符合GB1354规定二等以上的要求；小麦应符合GB 1351规定二等以上的要求；水应采用符合规定的鉴湖水；麦曲应采用规定生产的麦曲。

传统工艺要求：应在规定要求的酿造环境内酿制，采用特色的传统工艺。

净含量：应符合国家质量监督检验检疫总局令［2005］第75号《定量包装商品计量进度管理办法》的要求，大坛黄酒净含量可以用质量单位为千克（kg）表示。

卫生要求：应符合GB 2758的规定。

杭州丝绸

（一）国家公告号

国家质量监督检验检疫总局公告2011年箔138号。

（二）保护范围

杭州丝绸产地范围为浙江省杭州市现辖行政区域。

（三）产品特点与技术工艺

1.产品特点

杭州丝绸，质地轻软，色彩绮丽，品种繁多，有绸、缎、绫、绢等十几类品种，最著名的品牌有长城、喜得宝、万事利、凯地、杭丝路等。

杭州生产绸、缎、棉、纺、绉、绫、罗等14个大类200多个品种2000余个花色，图案新颖，富丽华贵，花卉层次分明，人物栩栩如生。

2.技术工艺

缫丝：缫制生丝工艺流程为混茧—剥茧—选茧—触蒸—机外渗透—煮茧—缫丝—复摇—偏检—绞丝—打包—配色—检验成件。经缫丝后的生丝其纤度偏差、均匀度变化、清洁与洁净度、断裂强度、断裂伸长率、抱合指标要达到优良以上。

织造：白坯丝织物的工艺流程为原料检验—浸渍—络丝—并丝—捻丝—定型—倒筒—（整经—装造）—织造—检整。严禁使用含有 APEO 等禁用物质的助剂浸渍，浸渍后适度脱水烘干。

色绸（染色绸和印花绸）：染色工艺流程为准备（缀攀、上架）—精炼（浸泡、漂炼、70℃~75℃热洗、65℃热洗、40℃~50℃温洗、冷洗）—整理—染色（平幅染色、绳状染色）—后整理（柔软整理、功能性后整理）—烘干（焙烘）。

印花工艺流程为制版、浆料准备—印花—蒸化—水洗—烘干。

练白、染色和配制印花色浆使用软水，染料、助剂符合环保要求，不含有禁用物质。交织物的染色采用两种以上染料。印花根据图案不同采用多种染料。

泸州酒

（一）国家公告号

国家质量监督检验检疫总局公告 2006 年第 8 号。

（二）保护范围

泸州酒地理标志产品保护范围以四川省泸州市人民政府《关于界定泸州酒地理标志产品保护范围的函》（泸市府函〔2005〕31 号）提出的范围为准，为四川省泸州市江阳区、龙马潭区、纳溪区、泸县、合江县、叙永县、古蔺县等 7 个区县现辖行政区域。

（三）产曲特点与技术工艺

1. 产品特点

色泽：无色、清亮透明，无悬浮物，无沉淀。

香气：具有浓郁的乙酸乙酯为主体的复合香气。

口味：窖香幽雅，绵甜爽净，香味谐调，余味悠长。

2. 技术工艺

原料：高粱按 GB8231-1987 的规定执行，主要产于泸州本地的糯红高粱，部分来自川南地区的糯红高粱，要求颗粒饱满、糯性强。支链淀粉含量大于 70%，占总淀粉量的 95% 以上；单宁含量介于 0.8%~1.2%，小麦按 GB1351-1999 的规定执行，主要产于泸州本地的软质小麦，要求颗粒饱满，无霉烂，无虫蛀，杂质少。粗蛋白含量介于 7%~10%，粗脂肪含量介于 1.0%~2.5%，玉米按 GB 1353 的规定执行，主要产于泸州地区，要求细腻甘甜，富有黏性。大米按 GB 1354 的规定执行，主要产于泸州地区，要求黏性强。酿造用水按 GB 5749-85 生活饮用水卫生标准执行，水源来自保护区范围内的井水、山泉水和江河水，硬度大于 450 毫克／升，pH 值 6.5~7.0。

大曲：以泸州软质小麦为主体原料，在保护区范围内特定的温度条件下制成中高温大曲。

决定泸州酒品质的六大关键因素是：老泥窖、原料、大曲药、酿造工艺、酿酒匠人、过程管理。泸州酒的主要酿造原料为糯红高粱，辅以部分大米、玉米等，酿造原料经粉碎投入酿酒，按照季节不同，入窖糟醅淀粉含量控制在 16%~19%，大曲药用量为投粮的 18%~25%.谷壳用量为投粮的 17%~23%，粮食与母糟配比按照季节不同为 1：4~1：5，酿酒过程的冷却水，要求水温高于 80℃，按照季节不同，水用量为投粮的 20%~120%。

（1）浓香型白酒。

工艺要求：糟醅发酵期 60~75 天，采用双轮底糟和翻砂发酵。采取泥窖发酵、续糟配料、混蒸混烧、级火蒸馏、量质摘酒、分级贮存的工艺酿造。基础酒贮存期两年以上，调味酒贮存期五年以上，经分析、尝评、贮存、勾兑、调味，从原料投入到产品出厂至少在 3 个月以上。

窖池窖龄：泸州酒酿造的泥窖，必须用泸州城南五渡溪纯黄泥而制成，窖龄在 20 年以上。

质量特色：无色或微黄、清亮透明，无悬浮物，无沉淀；香气有浓郁的己酸乙酯为主体的复合香气；口味窖香浓郁、绵甜爽净、味协调、酒体醇厚、后味长，具有泸型酒的突出风格。

（2）酱香型白酒。

工艺要求：采用整粒糯红高粱，破碎率 5%~10%，高温曲药量占投粮的 85% 左右，谷壳用量占投粮的 19% 以内。2 次投粮、8 次加曲发酵、7 次蒸馏取酒；高温制曲、高温堆积、高温发酵、高温酒、长期贮存；原酒用陶坛或不锈钢罐贮存 3 年，再盘勾组合。

质量特色：外观无色（或微黄）透明，无悬浮物和沉淀；酱香突出，幽雅细腻，空杯留香持久；口味醇厚净爽，回味悠长，有酱香型白酒的固有风格。

以上六个案例中这些优秀的地标产品同样具有广泛的代表性、工业水平上的引领性。

第六章　文化地标品牌

文化地理标志品牌，指以区域特色文化为核心内容，代表先进文化的前进方向，既能够满足人们精神需求和实用需求的产品、服务，又促进区域文化经济繁荣，具有文脉悠久性、品质差异性和特色文化专属性，并以地域名称或专用名称冠名的文化产品品牌。主要类别有：民间文学、传统戏剧、游艺与杂技、传统技艺、民俗和传统医药等品类。例如陕西剪纸。

习近平同志在党的十九大报告中强调指出，"中国特色社会主义文化，源自于中华民族五千多年文明历史所孕育的中华优秀传统文化，熔铸于党领导人民在革命、建设、改革中创造的革命文化和社会主义先进文化，植根于中国特色社会主义伟大实践"。坚持文化自信是更基础、更广泛、更深厚的自信，是更基本、更深沉、更持久的力量，我们必须把人民对美好生活的向往作为我们的奋斗目标，既解决实际问题又解决思想问题，更好地强信心、聚民心、暖人心、筑同心。我们必须既积极主动阐释好中国道路、中国特色，又有效维护我国政治安全和文化安全。

截至2018年底，我国共拥有世界非物质文化遗产40项，位居世界第一：

（1）昆曲；（2）古琴艺术；（3）新疆维吾尔木卡姆艺术；（4）蒙古族长调民歌；（5）中国篆刻；（6）中国雕版印刷技术；（7）中国书法；（8）中国剪纸；（9）中国传统木结构营造技艺；（10）南京云锦制造技艺；（11）端午节（12）中国朝鲜族农乐舞；（13）《格萨尔》史诗；（14）侗族大歌；（15）甘肃花儿；（16）新疆《玛纳斯》史诗；（17）妈祖信俗；（18）蒙古族呼麦；（19）福建南音；（20）热贡艺术；（21）中国传统桑蚕丝织技艺；（22）藏戏；（23）泉州青瓷传统烧制技艺；（24）宣纸传统制作技艺；（25）西安鼓乐；（26）粤剧；（27）羌年；（28）中国木拱桥传统营造技艺；（29）黎族传统纺染织绣技艺；（30）麦西热甫；（31）中国水密隔舱福船制造技艺；（32）中国活字印刷术；（33）中国针灸；（34）京剧；（35）赫哲族说唱艺术伊玛堪；（36）皮影戏；（37）福建木偶戏传承人培养计划；（38）珠算；（39）二十四节气；（40）藏族药浴法。

《解码中华地标》栏目就深入挖掘推介了吉林延边朝鲜族自治州中国朝鲜族农乐舞、西藏自治区《格萨尔》史诗等世界非遗品牌。2018年11月18日在加拿大温哥华举办的首届中华地标品牌国际文化节上，中国篆刻、中国书法、中国剪纸、中国针灸、京剧、皮影戏等世界非遗品牌集中亮相，生动展示了中华文化地标品牌的博大精深内涵和与时俱进的品质。

一、杨柳青年画

2006年国务院以国发【2006】18号文件，公布了第一批国家级非物质文化遗产名录（共计518项），第300项就是天津的杨柳青木版年画。同批还有河北省武强县的武强木版年画、江苏省苏州市的桃花坞木版年画、福建省漳州市的漳州木版年画、山东省潍坊市的杨家埠木版年画、山东省高密市的高密扑灰年画、河南省开封市的朱仙镇木版年画、湖南省隆回县的滩头木版年画、广东省佛山市的佛山木版年画、重庆市梁平县的梁平木版年画、四川省德阳市的绵竹木版年画、陕西省凤翔县的凤翔木版年画等11项国家级非物质文化遗产。

杨柳青木版年画产生于中国明代崇祯年间，已有400多年历史。它继承了宋、元绘画的传统，吸收了明代木刻版画、工艺美术、戏剧舞台的形式，采用木版套印和手工彩绘相结合的方法，创立了鲜明活泼、喜气吉祥、富有感人题材的独特风格。发展到清代最为繁盛，乾隆嘉庆年间，杨柳青镇年画作坊有三百多家，带动周围30多个村子几乎家家户户参与年画制作，能工巧匠有三千多人。清末以后，战乱频仍，杨柳青木版年画行业逐渐萧条。

20世纪50年代，周恩来总理到杨柳青画社视察。在党和政府的关怀下，曾多次举办杨柳青年画评选活动，涌现出许多优秀作品。随着政府对年画的扶持和民间艺人对乡土艺术感情升华，杨柳青年画发展迅猛，其知名度也日益提高，杨柳青的年画作坊蓬勃发展起来。

著名文化学者冯骥才曾经说过，杨柳青是片神奇的土地。杨柳青，有着一个浪漫色彩、让人憧憬的名字，古镇、运河、手工艺以及丰富的民间文艺都是它的标签，尤其年画更以其深厚历史积淀和文化连续性特征而扬名海内外。杨柳青木版年画集精神与实用、历史和现世的物化成果于一身，是具有社会科学研究价值的一种综合体，是历史进程的"活化石"，也是历史时代风貌的"百科全书"。

随着国际化、全球化，我国的剪纸、绘画、独特的文艺表演等，被越来越多的国际社会认识并运用，其中好莱坞电影就多次采纳中国的剪纸元素，为我国传统文化产业国际化提供了诸多经验。

二、中医药

毛泽东主席说，"中国医药学是一个伟大的宝库，应当努力发掘，加以提高"。习近平总书记指出，"中医药学是中国古代科学的瑰宝，也是打开中华文明宝库的钥匙"。中医药作为中华文明的杰出代表，是中国各族人民在几千年生产生活实践和与疾病作斗争中逐步形成并不断丰富发展的医学科学，不仅为中华民族繁衍昌盛作出了卓越贡献，也对世界文明进步产生了积极影响。

中医药作为中华文明的杰出代表，是中国各族人民在几千年生产生活实践和与疾病作斗争中逐步形成并不断丰富发展的医学科学，不仅为中华民族繁荣昌盛作出了卓越贡献，也对世界文明进步产生了积极影响。

中医药在历史发展进程中，兼容并蓄、创新开放，形成了独特的生命观、健康观、疾病观、防治观，实现了自然科学与人文科学的融合和统一，蕴含了中华民族深邃的哲学思想。随着人们健康观念变化和医学模式转变，中医药越来越显示出独特价值。

中华人民共和国成立以来，中国高度重视和大力支持中医药发展。中医药与西医药优势互补，相互促进，共同维护和增进民众健康，已经成为中国特色医药卫生与健康事业的重要特征和显著优势。

中医药是中华优秀传统文化的重要组成部分和典型代表，强调"道法自然、天人合一""阴阳平衡、调和致中""以人为本、悬壶济世"，体现了中华文化的内核。中医药还提倡"三因制宜、辨证论治""固本培元、壮筋续骨""大医精诚、仁心仁术"，更丰富了中华文化内涵，为中华民族认识和改造世界提供了有益启迪。中医药学作为中华民族原创的医学科学，注重时间演进、整体认知，从宏观、系统的角度揭示人的健康和疾病的发生发展规律，深刻体现了中华民族的世界观、价值观和认识论，成为人们治病祛疾、强身健体、延年益寿的重要手段。历史上，中华民族屡遭天灾、战乱和瘟疫，却能一次次转危为安，人口不断增加、文明得以传承，中医药功不可没。[1]

中医药发祥于中华大地，在不断汲取世界文明成果、丰富发展自己的同时，也逐步传播到世界各地。早在秦汉时期，中医药就传播到周边国家，并对这些国家的传统医药产生重大影响。预防天花的种痘技术，在明清时代就传遍世界。《本草纲目》被翻译成多种文字广为流传，达尔文称之为"中国古代的百科全书"。

---

[1] 王国强：《以高度文化自信推动中医药振兴发展》，载《人民日报》2017年2月24日，第7版。

针灸的神奇疗效引发全球持续的"针灸热"。抗疟药物"青蒿素"的发明，拯救了全球特别是发展中国家数百万人的生命。

当前，中国经济发展进入新的历史时期，中医药在经济社会发展中的地位和作用愈加重要，已成为独特的卫生资源、潜力巨大的经济资源、具有原创优势的科技资源、优秀的文化资源和重要的生态资源。中国政府重视和保护中医药的文化价值，积极推进中医药传统文化传承体系建设，已有130个中医药类项目列入国家级非物质文化遗产代表性项目名录，"中医针灸"列入联合国教科文组织人类非物质文化遗产代表作名录，《黄帝内经》和《本草纲目》入选世界记忆名录。抗疟药物"青蒿素"的发明，拯救了全球特别是发展中国家数百万人的生命，科学家屠呦呦因此获得诺贝尔生理学或医学奖。现在，中医药已传播到183个国家和地区。据世界卫生组织统计，目前103个会员国认可使用针灸，其中29国设立了传统医学的法律法规，18国将针灸纳入医疗保险体系。中医药逐步进入国际医药体系，已在俄罗斯、古巴、越南、新加坡和阿联酋等国以药品形式注册。[1]

专业研究报告显示，2017年我国中药产业销售收入（包括饮片和厂药）7901.10亿元，国内医药市场占比为26.49%；中药饮片加工行业销售收入2278.20亿元，年均复合增长率16%；中成药制造行业销售收入7532.20亿元，年均复合增长率10.7%。[2]

《解码中华地标》栏目重点推介的老山石斛、文山三七、丹凤山茱萸、城步青钱柳等道地药材，还有藏医、苗医、蒙医等中

---

[1] 《中国的中医药》白皮书，国务院新闻办公室网站（www.scio.gov.cn）2016-12-06。
[2] 毛嘉陵主编：《中国中医药文化与产业发展报告（2017-2018）》，社会科学文献出版社2019年版，第194-282页。

华民族医学遗产，同仁堂、陈李济等药局名堂，云南白药、片仔癀等国药精品，无一不是中医药地标品牌。

三、吉林雾凇

中国是世界上记载雾凇最早的国家，千百年来我国古代人很早对雾凇就有了许多称呼和赞美。早在春秋时代成书的《春秋》上就有关于"树稼"的记载，也有的叫"树介"，就是现在所称的"雾凇"。"雾凇"一词最早出现于南北朝时代宋·吕忱（公元420年—479年）所编的《字林》里，其解释为："寒气结冰如珠见日光乃消，齐鲁谓之雾凇。"这是1500多年前最早见于文献记载的"雾凇"一词。而最玄妙的当属"梦送"这一称呼。宋末黄震（公元479年—502年）在《黄氏日钞》中说，当时民间称雾凇为"梦送"，意思是说它是在夜间人们做梦时天公送来的天气现象。宋代曾巩《冬夜即事》诗即有所载："香清一榻氍毹暖，月淡千门霜凇寒。闻说丰年从此始，更回笼烛卷帘看。"自注："齐寒甚，夜气如雾，凝于木上，旦起视之如雪，日出飘满阶庭，尤为可爱，齐人谓之雾凇。谚曰：'雾凇重雾凇，穷汉置饭瓮。'以为丰年之兆。"宋人称"雾凇"，而"以为丰年之兆"。其观念很可能源于雾凇的古名"树稼"。

雾凇之美，难得一见，雾凇究竟美在何处？隆冬时节，当北国大地万木萧条的时候，走进东北的吉林市，你却会看到一道神奇而美丽的风景。沿着松花江的堤岸望去，松柳凝霜挂雪，戴玉披银，如朵朵白银，排排雪浪，十分壮观。这就是被人们称为"雾淞"的奇观。雾凇之美，美在壮观，美在奇绝。

观赏雾凇，讲究的是"夜看雾，晨看挂，待到近午赏落花"。"夜看雾"，是在雾凇形成的前夜观看江上出现的雾景。大约在夜里十点多钟，松花江上开始有缕缕雾气，继而越来越大，越来越浓，大团大团的白雾从江面滚滚而起，不停地向两岸飘流。"晨看挂"是早起看树挂。十里江堤黑森森的树木，一夜之间变成一片银白。棵棵杨柳宛若玉枝垂挂，簇簇松针恰似银菊怒放，晶莹多姿。"待到近午赏落花"是说树挂脱落时的情景。一般在上午10时左右，树挂开始一片一片脱落，接着是成串成串地往下滑落，微风吹起脱落的银片在空中飞舞，明丽的阳光辉映到上面，空中形成了五颜六色的雪帘。

除了珍贵的观赏价值，雾凇还有净化空气和消减噪音的妙用，为什么雾凇会有这种效果呢？雾凇初始阶段的淞附，吸附微粒沉降到大地，净化空气；吉林雾凇由于具有浓厚、结构疏松、密度小、空隙度高的特点，因此对音波反射率很低，能吸收和容纳大量音波，在形成雾凇的成排密集的树林里感到幽静，就是这个道理。而且结构紧密的雾凇可能会将树木或电线压坏，吉林雾凇就不会有这样的问题。

雾凇的美震撼人心，同时也被赋予了很多美好名字及寓意。因为它美丽皎洁、晶莹闪烁，像盎然怒放的花儿，被称为"冰花"。因为它在凛冽寒流袭卷大地、万物失去生机之时，像高山上的雪莲，凌霜傲雪，在斗寒中盛开，韵味浓郁，被称为"傲霜花"。因为它是大自然赋予人类的精美艺术品，好似"琼楼玉宇"，寓意深邃，为人类带来美意延年的美好情愫，被称为"琼花"。因为它像气势磅礴的落雪挂满枝头，景观壮丽迷人，成为北国风光之最，它使人心旷神怡，激起文人骚客的雅兴，吟诗绘画，抒发情怀，被称为"雪柳"。因雾凇产生在严寒且湿润的天气条件下，被人们认为是丰收之年的象征。

可以形成雾凇的地方有很多，为什么来自世界各地的游客，独独钟爱吉林市雾凇岛的雾凇呢？"吉林雾凇"又是雾凇中厚度最大、密度最小和结构最疏松的雾凇品种——毛茸形晶状雾凇，没有危害，而且还对人类有很多益处，观赏起来格外晶莹剔透，所以吉林雾凇更堪称雾凇极品中的极品。

松花江的雾气是形成雾凇的一个必备条件，奇妙的是穿城而过的松花江水，居然可在冬日严寒时同样奔流不息，这是为什么呢？答案是，丰满水电站大坝将江水拦腰截断，形成了巨大的人工湖泊——松花湖，近百亿立方米的水容量使得冬季的松花湖表面结冰，但水下的温度却仍然保持在0℃以上。特别是湖水通过水电站发电机组后温度有所升高，江水载着巨大的热能顺流而下，于是就形成了几十公里江面严寒不冻的奇特景观，同时也具备了形成雾凇的两个必要而又相互矛盾的自然条件：足够的低温和充分的水汽。

关于吉林雾凇，还有一个感人的故事。传说很早以前，松花江边有一位老妈妈，丈夫死得早，她含辛茹苦地把三个女儿拉扯大。三个女儿出嫁了，她也年迈了，可是女儿不孝，像推皮球一样把她推来推去，且没好好招待。一天清晨，在赶往三女儿家的路上，寒风呼啸中的老妈妈一路走一路伤心，眼泪随风飘扬，挂在树上凝结成冰，形成雾凇……女儿推门被眼前的吉林雾凇惊呆了，更被与凇花交映的亲娘的苍苍白发触动了，忍不住抱住了老妈妈……吉林雾凇更美之处在于能让人的心境更干净吧！

第七章　中华地标品牌发展实施路径探索

"中华地标"品牌是地理标志特色文化的精华集萃和优秀代表，是中国文化的国际化书写符号和综合载体，是促进国际文化交流和人类文明互鉴的重要使者，是代表性和塑造力较强的国际化品牌。

一、工作目标

（1）开展地理标志产业、文化、经济、标准与政策理论研究，组建专家智库，精准研究"中华地标品牌"文化认定标准，为国家相关部门和市场主体提供智库服务。

（2）围绕落实国家品牌发展战略，研究地理标志产品流通和市场供需关系，文化产业与市场结合，地理标志品牌市场运用，丰富地理标志理论体系建设。

（3）中华地标品牌文化宣推体制，完善新时期地理标志文化输出体系，促进地理标志品牌发展。

（4）开展国际合作交流，促进国际标准对接互融，举办"中华地标品牌发展交流会暨地理标志产品国际推荐会，创新国际地理标志新体系，争取国际地标话语权。

（5）探索地理标志产业园、文旅园、博览馆等规划设计，开展现代化地标产品的科技研发。培育新型地理标志从业人才，服务地标产业转型升级。

（6）探索地理标志市场体系与国际市场。

二、中华地标品牌工作团队与国家地理标志管理机构的区别

	团队 科目	国家地理标志管理机构	中华地标品牌工作团队
1	单位性质	国家地理标志职能管理机构	社团组织
2	职责职能	法定职责	智库职能
3	核心职责	保护知识产权	保护、运用、拓展知识产权
4	使命任务	依法登记、注册、认证GI	文化认定、认同、认证，树立优秀地标品牌
5	工作对象	产权归属集体	政府机构、企业法人、社团法人、非企业法人、自然人
6	工作路径	登记注册	宣传、贸易
7	品牌区分	区域公共品牌	区域公共品牌、企业个性化品牌
8	涵盖范围	地标产品	品牌、产业、文化
9	关注对象	农产品为主	农业地标品牌、工业地标品牌、文化地标品牌
10	目标预期	盘活存量	盘活存量、激活增量、吸引流量

三、在实施路径中的各方面探索

在具体工作中，突出抓好"六力"建设：

第一，抓好标准体系建设，增强中华地标品牌生命力。

国内在地理标志品牌的评定、文化的认同标准方面，始终处于空白领域，这也导致我国地理标志产品在发展过程中比较乱，缺乏凝聚力，缺乏统一的认识和参考标准，造成区域公用品牌的竞争力不足，树立品牌，制订行业标准，刻不容缓。

地理标志是人类文明的重要成果和共同财富，是世界各国实现绿色发展、可持续发展、减少贫困问题的重要路径选择，也是我国国际贸易和文化交流的重要阵地，是我们讲述中国地标故事、争取国际话语权的重要领域。因此，从国内起步，抓好标准体系建设，是中华地标品牌长久生命力之所在。

2017年8月《中华地标品牌管理办法》（试行），通过中华地标品牌专家委员会评审，正式对外发布；公布了"中华地标"品牌基本图案和标准制图，并经当时的国家工商总局商标局登记备案。《中华地标品牌管理办法》分为总则、登记、监督管理等共4章21条，是我国首个由学术和公益单位制订发布的地标文化认证办法，是中华地标品牌文化及市场认证体系的基础性行业标准文献。2018年上半年，《中华地标品牌申报书》《中华地标品牌申报流程》《中华地标品牌公共标识使用规范》《中华地标品牌专家评审表》《中华地标品牌专家评审管理办法》等5个配套文件通过专家评审。这样，初步搭起了中华地标品牌认证体系的基本框架。2018年10月，加拿大温哥华唐人街申报"中华地标"品牌；经严格程序评审之后，11月18日加拿大温哥华唐人街被授予首个"中华地标"品牌荣誉称号。

第二，抓好学术理论建设，增强中华地标品牌塑造力。

我国自20世纪80年代开始关注并引进这一概念，于90年代开展此项工作，在原农业部、国家工商局、国家质检总局的认证、注册、保护下相继出台了《商标法》《农产品地理标志管理办法》《地理标志产品保护规定》等相关政策法规，除此之外，对于地理标志产业体系、品牌体系、市场体系、文化体系等方面的理论研究则十分匮乏，甚至空白。这对地标事业整体发展不益。

2017年，中华社会文化发展基金会、中国农业科学院农业遗产研究室与南京农业大学共同建设的"中国地标文化研究中心"是国内第一家专业研究中国地标文化的科研机构。研究中心开局第一年，出版发布《中国地标品牌发展年度报告》蓝皮书。这是我国第一部关于中国地标品牌发展的蓝皮书。蓝皮书由南京农业大学中国地标文化研究中心担纲完成。同时，还完成了《解码中国农业地标文化集萃》《中华地标品牌发展探索》等地标研究科研成果，在增强地标话语权、增强品牌塑造力方面迈上了新台阶。下一步将编纂出版《中国地标产业文化大全》，这将是我国第一部全景式、集成式、多维度发掘、记载、解读、传播地标产品、地标产业和地标文化的文化类百科全书和资源目录文献。全书计划体量40卷、1000万字，收录1万幅珍贵图片和图表，计划用三年时间完成撰写、编审任务，并将出版民族文字版和外文版。

第三，抓好品牌推广与宣传，增强中华地标品牌传播力。

第七章
中华地标品牌发展实施路径探索

地理标志文化是地理标志产品品牌的灵魂,是地理标志事业发展的核心要素,文化的弘扬和交流是国际国内地理标志产业发展的重中之重。波尔多葡萄酒进入中国市场后,不仅占据了很大的高端市场,同时也在某种程度上影响着中国人民的社交文化,所以品牌文化的形成事关多元化利益诉求。但是我们在开展调研时发现,我国超过80%以上的民众不知道什么是地理标志;90%左右的民众理解地理标志是城市建筑物,或者是地市雕塑。当工作人员向受访者讲述地理标志属性和现状时,超过80%以上的人群都表示这不就是土特色、非物质文化遗产吗,但是在具体了解地理标志产品特性后超过95%的民众均有要消费地标产品的意愿,所以完善的宣传推广体系非常重要,要让更多的人了解什么是地理标志、它的珍贵它的稀缺性,才能有更多的人去保护地标、爱护地标、消费地标。

2017年6月中旬,中国地标文化研究中心与北京电视台共同组建《解码中华地标》栏目。2017年7月1日,《解码中华地标》栏目组奔赴西藏自治区墨脱县,开启了艰辛探索的中华地标品牌之旅。2017年11月26日起,《解码中华地标》栏目在北京电视台文艺频道定档播出,播出时间为每周日下午16:15;同时在爱奇艺、优酷等网络平台播出。首期播出的《解码西藏——墨脱石锅》即受到电视观众高度关注,当天网络点击播放量就超过10万次。

2017年年底,北京市新闻出版广电局高度表扬《解码中华地标》栏目"打造中华地标品牌,增强民族文化自信,体现了媒体强烈的人文精神和社会责任感"。[1]

2018年2月14日，《中国教育报》公众号向中小学生及其家长推荐"适合全家看的电视综艺节目"，《解码中华地标》与《国家宝藏》《中国诗词大会》《朗读者》等名牌栏目一起受到推荐，推荐词说："这些地标故事里，有咱民族的文化符号！"这些故事能"给孩子一种向往：读万卷书，行万里路！"[2]

截至2018年11月25日，《解码中华地标》栏目共播出52期，栏目组行走全国西藏、新疆、云南、青海、陕西等15个省市自治区，西藏林芝、新疆和田、青海海西州等37个地市州，西藏墨脱县、云南麻栗坡县等66个县市区，行程18.82万公里；其中，"三区三州"及国家级扶贫县38个，行程10.36万公里；采访挖掘藏族、门巴族、珞巴族、苗族、瑶族、壮族、维吾尔族、朝鲜族、满族、彝族、回族等十几个少数民族地区独特的地标产品和民族特色文化，把墨脱石锅、藏药、麻栗坡祖母绿、朱苦拉咖啡等"藏在深山人未识"的地理标志产品呈现在世人面前。《解码中华地标》栏目组不仅为发掘地标文化内涵、打造区域产业品牌做出了积极贡献，也在助力脱贫攻坚、增进民族团结方面尽到了应有之职。例如，借助《解码中华地标》栏目的宣传推动，云南老山前线的麻栗坡县石斛产品，成功打入国家外交系统免税店，并漂洋过海进入加拿大温哥华西人主流超市。

---

[1] 北京市新闻出版广播电视总局：《北京地区广电节目监控周报》，2017年12月20日。
[2] 见中国教育报公众号，《中教君》2018-02-14-17:56。

第七章 中华地标品牌发展实施路径探索

北京电视台《解码中华地标栏目》播出清单

序号	播出时间	内容名称
1	2017.11.26	解码西藏——墨脱石锅
2	2017.12.3	解码西藏——林芝七宝
3	2017.12.10	解码西藏——雪堆白
4	2017.12.17	解码西藏——藏医药
5	2017.12.24	解码云南——老山人老山情
6	2017.12.31	解码云南——石斛传奇
7	2018.1.7	解码云南——中国祖母绿
8	2018.1.14	解码运河——文化的守望
9	2018.1.21	解码运河——历史的记忆
10	2018.1.28	解码荣成鱼露——凝结时光的工艺
11	2018.2.4	解码张坊磨盘柿——柿柿如意
12	2018.2.11	解码杨柳青——年画中国情
13	2018.2.25	解码吉林——冰雪江城
14	2018.3.4	解码吉林——古城乌拉
15	2018.3.11	解码延吉——美食天堂
16	2018.3.18	解码延吉——歌舞海洋
17	2018.3.25	解码延吉——礼仪之乡
18	2018.4.1	解码和田——沙漠中的红宝石（上）
19	2018.4.8	解码和田——沙漠中的红宝石（下）
20	2018.4.15	解码陕西——丹凤最美茱萸
21	2018.4.22	解码陕西——佛坪土蜂蜜
22	2018.4.29	解码陕西——延安苹果黄土情
23	2018.5.6	解码梨花村——梨花这边独好
24	2018.5.13	解码婺源——最美油菜花
25	2018.5.20	解码婺源——山清水秀绿茶秀
26	2018.5.27	解码婺源——龙尾歙砚香飘古今
27	2018.6.3	解码百世辉煌——景泰蓝

续前表

序号	播出时间	内容名称
28	2018.6.10	解码日照——南茶北引绿茶香
29	2018.6.17	解码福建——安溪铁观音
30	2018.6.24	解码福建——南靖土楼
31	2018.7.1	解码杭州——塘栖枇杷
32	2018.7.8	解码湖南城步——来自冰川纪的青钱柳
33	2018.7.15	解码扬州——扬州早茶江南情
34	2018.7.22	解码扬州——淮扬菜肴扬州韵
35	2018.7.29	解码景德镇——千年瓷之魂（上）
36	2018.8.3	解码景德镇——千年瓷之魂（下）
37	2018.8.12	解码京城技艺——百年沉浮葡萄常
38	2018.8.19	解码京城技艺——牙雕雅韵立匠心
39	2018.8.26	解码怀柔——栗园飘香水长城
40	2018.9.02	解码平谷——"中国桃乡"觅桃源
41	2018.9.09	解码绍兴——千年黄酒香
42	2018.9.16	解码绍兴——阳明故里寻兰亭
43	2018.9.23	解码安徽——果中玛瑙 淮北葡萄
44	2018.9.30	解码传统文化——婚俗中国风
45	2018.10.7	解码广西——西林火姜壮乡情
46	2018.10.14	解码密云——"京师锁钥"古北口
47	2018.10.21	解码安徽——天地精粹九华黄精
48	2018.10.28	解码青海1——"天空之镜"茶卡盐湖
49	2018.11.4	解码青海2——雪山枸杞
50	2018.11.11	解码大理1——苍山洱海梅子情
51	2018.11.18	解码大理2——中国咖啡第一村朱苦拉
52	2018.11.25	《解码中华地标》栏目走进中国农业大学

第四，抓好国际化布局，增强中华地标品牌国际影响力。

第七章
中华地标品牌发展实施路径探索

众所周知，地理标志概念近代源于法国，在长期的发展过程中，欧盟及地标发达国家一直主导着标准、贸易的话语权，造成了我国许多地标产品出口受阻，失去国际贸易竞争力，比如传统的茶叶、鲜果类、肉食类，等等。在国际贸易中往往会碰到一些西方国家人为设置的技术贸易壁垒，造成巨大损失，严重影响着我国地理标志产品贸易、品牌国际化。这种不平等现象需要打破，力创国际新体系，为我国地理标志产品国际化提供有力支持。

在工作实践中，中华地标工作团队认识到，以"国际工作机构+国际文化交流+经贸互惠合作+品牌互通互认"的多元化形式，传播中华地标文化，打造中华地标品牌，树立国际地标新标准，不仅是必要的，也是积极可行的。

为此，中华地标工作团队于2018年8月26日，在加拿大温哥华成立了中华地标第一个国际工作机构——中加地理标志发展协会，协会负责人全部都是加拿大国籍爱国侨领。加拿大政府总理特鲁多委派加拿大国会议员、加中立法委员会共同主席苏立道（Joe Peschisolido）到会祝贺。在认真总结加拿大工作经验的基础上，9月份开始，在意大利、德国、法国、西班牙、罗马尼亚、捷克、俄罗斯、澳大利亚、巴西、阿根廷、泰国等十几个国家陆续启动"中+某国地理标志发展协会"注册登记，加上之前在美国洛杉矶注册成立的"中美地标文化交流基金会"，2018年注册各国别协会（基金会）11家，2019年年底前已达到16家。

鉴于目前已经成立和即将注册成立的十几个各国别地理标志发展协会，涉及西方七国、金砖五国和"一带一路"的重要节点国家，在国际地理标志发展领域将会具有较好的代表性和一定的国际影响力。在各方机构和相关人士的大力支持下，经过广泛深入的专业化咨询论证，2019年5月起，以这十几个各国别地理标志发展协会为发起人，基于推动人类文明交流互鉴和全球化伙伴关系发展、推动构建人类命运共同体的长远战略愿景，发起成立了"国际地理标志发展组织"，秘书处设立在中国。同时，积极争取联合国教科文组织、联合国粮农组织、世界知识产权组织的深度支持与广泛合作，收获了意想不到的效果，增强了团队自信心。比如：中华地标品牌发展交流会暨地理标志产品国际推荐会自2017年以来，已经成功的举办了三届，会议的影响力、专业性、权威性逐渐由弱变强，得到越来越多的国家政府、从业学者、专家智库、行业组织、企业平台关注。参加人员、产品质量、科技含量、贸易文化交流合作成果更是有了质的提升，已经成为国际地理标志行业发声、交流合作的重要平台。2018年中加地理标志发展协会在加拿大温哥华成立之时，加拿大国会议员、加中立法委员会共同主席苏立道代表加拿大政府和总理特鲁多到会表示热烈祝贺，并强调特鲁多总理对中加地理标志发展协会成立给予积极评价，希望中加两国地理标志产品贸易和文化交流取得更多成果。苏立道表示，作为加中立法委员会的主席，今后将借助访华机会与中国的领导人深入探讨如何进一步发展两国间的农产品贸易。苏立道指出，政府间交流只是一个层面，更多的工作还需要像中加地标发展协会这样的非政府组织，在两国人民中展开交流合作。尤其是要多举办中华地标品牌发展交流会，为两国及更多的国与国之间搭建更好的合作平台，形成国际地理标志共同发展，造福人类的共识。

第七章
中华地标品牌发展实施路径探索

加拿大不列颠哥伦比亚省贸易厅厅长周炯华(George Chow)就中加地标品牌贸易促进作交流发言。周炯华说，中国是加拿大第二大贸易伙伴，尤其是BC省（不列颠哥伦比亚省）的农产品、海产品，主要销往中国大陆、香港等亚洲市场。BC省愿与中加地标发展协会携手合作，包括在先进的绿色农业技术方面交流合作。

加拿大华人代表、大温哥华中华文化中心主席郭英华先生当选为中加地理标志发展协会执行会长。郭英华表示，中加地理标志发展协会成立，具有经济和社会的双重效益：经济效益方面，将为中加两国的农产、食品企业互通有无，促进两国优质农产品、食品贸易，提供一个专业高效的平台；社会效益方面，将吸引和聚合更多热心公益、有社会责任感的企业，对保护两国各自文化传统贡献力量。

中加地理标志发展协会会长游玉兰女士与布兰登平价超市集团、Sinova Group 农业食品、加拿大东北总商会签署中华地标产品销售战略合作协议，标志着"中华地标"品牌系列产品全面进入加拿大主流商超，这样会极大地方便加拿大暨北美地区消费者，能够集中、便利地消费中华地标系列产品，同时，也为中国消费者购买加拿大地标产品铺设了新的消费渠道。

中华地标品牌国际文化节学术委员会主任、中国农业科学院农业遗产研究室主任、南京农业大学中华农业文明研究院院长王思明教授发表主旨演讲，阐述了世界文化遗产的重要性、传承性、代表性，同时也全面介绍了中华地标的重要意义，并宣布接受当地华人社团申报温哥华唐人街为"中华地标"，启动对温哥华唐人街申报为"中华地标"品牌的考察工作。

中加地理标志发展协会成立之后，将紧紧围绕中国与加拿大两国之间的地理标志产业整体发展，加强与世界知识产权组织、联合国粮农组织、联合国教科文组织及其他国家和地区同类组织的交流合作，进一步讲好中华地标品牌故事，提高中华地标品牌的国际影响力，促进中加地理标志产业全面发展。得到多方的高度认可和赞赏。

第五，抓好示范项目——"中华地标品牌文化产业园"的建设，增强中华地标品牌产业引领力。

由于我国在建设专业性较强的地标品牌示范园区（基地）方面始终处于空白阶段，所以无论是参照国际模式（如波尔多葡萄产业园）还是从国内地理标志品牌发展需求来看，建设一批强有力的地标品牌示范园区，对引领地标产业发展、创新产品经营模式、规范行业自律、发挥行业作用、提高产品品牌竞争力、促进技术研发、金融体系建设、知识产权保护、人才培养等多方面都十分重要。

中华地标品牌示范园区在参考和借鉴国内外先进经验的同时，也着手打造国内首批以地理标志为主体的品牌示范园区，如：安徽省淮北市段园葡萄，等等。根据园区特色与实际情况，从众多经营主体中，我们选择了以杜集区假日阳光家庭农场为基础，开展品牌园区建设工作。具体探索如下。

1. 基础建设

（1）在经过前期选址调研，结合土质构素分析，环境评估，预防自然灾害的论证等情况下，最终选址于淮北市杜集区矿山集南山脚下，总占地面积115亩。

（2）园区规划设计结合实际需求，划分葡萄文旅区、品种实验区，产业教研区、鲜果区等，区域划分，路面铺设，水灌、沟渠、排水、风道、水泥杆与热镀锌钢材的混用均采取了科学设计和运用，累计投资约 3700 万元，极大的保障生产力。

2. 品种选育

（1）品种是基本核心要素，无论是食用为主，还是工业为主，它都是决定性因素，以品牌化发展为主轴，走精品化路线符合中华地标品牌工作观念。因此经过各方考察"阳光玫瑰"是一个具有集香味、口感、高产、稳产、耐运输、耐储存等多种优点于一体的特性，市场需求旺盛。

（2）苗木培育技术成熟、环境适应、生存能力较强。

3. 绿色有机、GAP 规范

（1）葡萄苗栽培前期，土壤修复中大量使用发酵牛粪，并在选挑牛粪中进行了调研，使土壤的有机含量大大提高。土壤团粒结构重新整合，土壤的透气性、保水保肥的能力显著增强。极大的保障了苗木健康生长和高品质的果品。

（2）GAP 规范的运用操作，使苗木的培育、果品的采摘，环境的保护，产品输出等等都得到了较好的品质保障。

（3）现代化的防害、防灾运用，科学使用清洁绿色农药，精准性较强，严格遵守使用时间周期，园区内的排水、排污、降压十分完善。

4. 体系化建设

（1）文宣体系。葡萄是传统产业，亦是大众消费产品，广大消费者对葡萄的文化理解较为普遍性，深刻理解的人群，不是太多，打造"七夕葡萄架下来约会"的中国情人节，既让大众无违合感。又能深度挖掘葡萄文化，传递葡萄带给人们的美好寓意，让七夕情人节与葡萄蕴函的团圆有机结合，开发出葡萄香包、得水、动漫产品，逐步形成七夕情人节，葡萄架下来约会，收到浪费礼物，传达情意。慢慢形成意识固态。

  运用融媒体传播手段，北京电视台"解码中华地标"栏目播出阳光玫瑰，收到意外效果，创作团队在拍摄前，均表示葡萄产业是传统产业，亮点不足。但是在几经改稿之后，把"假日阳光家庭农场"的阳光玫瑰系统播出后，收获了强烈反应，很多人不相信是真的这么漂亮、这么美丽、这是葡萄吗等等，得到多方人士的认可，播出当天就对"假日阳光家庭农场"的产品产生了积极效果。随着探索一步步展开，相信关于葡萄的文化挖掘，寓意创新，新的文宣体系将会越来越成熟。

  （2）科研体系。葡萄的有益成份十分丰富，但由于我国农产品工业化发展较为滞后，严重影响地理标志产业整体发展。"假日阳光家庭农场"联合"南京农业大学"根据当前的先进技术共同成立"葡萄产业博士后"工作站，让葡萄食用产品、保健产品、护肤产品更加丰富，提升葡萄产业价值，满足市场需求。

  （3）金融体系：农业产业化抗风险能力较弱，投产长，见效慢，资本投入严重不足。严重掣肘着产业发展，"假日阳光家庭农场"首先完善了农业保险的建设；其次完善了产品定投、技术转换、知识产权担保、让资本进入清晰明了，解决后顾之滤，最后完善协同协作的行业保障机制。让行业同盟，政府扶持，产业分配，利润多盈的制度充分发挥效应。以行业协会的有力支撑，保护多元化的发展。

第七章
中华地标品牌发展实施路径探索

（4）市场体系。"假日阳光家庭农场"在市场体系建设中首先保证了诚信价值，经过探索发展"假日阳光家庭农场"的精品化进程充分体现，无论是定量产果（每串葡萄粒50-52粒，每粒10-12克），还是远洋走出国门（2018年走进加拿大市场），都得到了行业及市场的认可，由其在产品的包材应用、产品标准、诚信服务、知识产权、人才培育方面更是得到广泛赞扬，所以中华地标品牌示范园区的建设、在探索地标品牌及产业发展过、越来越有收获，积累了丰富的工作经验。

第六，探索成立"买地标全球集采服务平台"，增强对中华地标品牌产品贸易的服务能力。

我国目前地理标志类农产品电商平台比较多，国外地理标志商品代购、跨境电商发展也很快，但是真正意义上的连通国际国内两个市场的地理标志贸易平台还不多见。着眼于国内外上万亿元消费能力、扩大中国地理标志产品对外贸易，在2019年5月18日的国际会议上，启动了"买地标全球集采服务平台"，基本思路是依托专业化的国际团队，采用独有的知识产权保护模式和核销体系，确保平台产品的正源性，让中国的优秀地标产品走出去，把国际上的优秀地标产品引进来，达到"买地标，就是买品质、买知识、买服务、买文化"的目标愿景。

地理标志的发展需要顺应时代的需求。供需关系是地标产业的发展的重要指标。地理标志的整体进步更加需要对市场的依赖。但是我国在地标市场体系建设上始终处于薄弱环节，国家制定的法律法规多是出于保护产品产业本身，制定政策也主要出于对生产终端的鼓励和扶持，而对市场的贸易、消费者的鼓励与保护，产品的质量与企业信誉的市场监管具体措施、行业作用的发挥等等现象都需要进一步加强完善。

发展地理标志产业最主要的原因不仅仅是因为地理标志是区域公共品牌，是能助推区域文化，擦亮区域名片，增加就业、改善环境等，更重要的是因为它是独特的优质资源，首先要产生经济价值。要让老百姓致富，让商业从业人员得到实惠。让区域特色经济得到提高，让市场繁荣昌盛才能真正的促进地理标志事业的整体发展。否则再好的政策，再独特的地标资源，再优秀的文化底蕴都不能得到理想的发展效果。故而建立良好的市场体系，搭建优质的市场贸易平台，树立区别于普通产品的市场消费理念，建立健全产品的质量保障、输出与召回、贸易多元化合作机制，大力发挥行业作用是一个十分值得探索的课题。

对照国内市场出现的基本情况，发现在我国产品多于国际市场竞争和贸易时，也存在着突出问题：

1. 市场主体主导问题

由于地理标志在国际方面，基本都是由商业协会在主导，而国际商业协会比我国同类协会发展起步早，各种管理及协作制度比较健全，行使协会职能较为清晰。凝聚力、便利化、整体性、产品保护力度、产品质量把控等都有着十分完善的规范操作保证，有着直接集中体制优势办大事的影子。反观我国，地理标志始终由政府主导、企业自营，行业协会、社会组织的力量基本是空白，恰恰因为政府不能直接参与市场竞争，就造成了我国地标生产企业在国际市场的贸易竞争中需要单打独斗，从而面对着西方发达国家的整个行业的围攻，以一己之力量与抱团取暖的较为完善的国外行业协会竞争，其力量悬殊对比一目了然。

2. 市场供需问题

在工作中我们发现国际市场对中国地理标志产品及其技术、文化等有着巨大的需求，对我国特色产品的消费需求十分强烈，比如干果类：在中亚、欧盟市场需求速增，这源于该地区的休闲文化、饮食文化、社交文化。我国的调味品在东南亚市场、北美市场，茶叶在土耳其、俄罗斯，丝绸制品在欧洲、亚洲、非洲等诸多市场都很受欢迎，随着中国国际影响力日益提高，文化影响力也随之提升，我国的陶瓷、传统剪纸，也越来越受到国际消费者的追捧，尤其是剪纸、皮影、国画等元素被运用在好莱坞的影视作品中、普通市民居家装饰、礼帽、书包等生活用品的设计元素上。这就产生了大量的实物贸易，同时也提高了知识产权的交易量。然而因我国的生产企业普遍缺乏对国际市场的有效了解，信息不对称，造成了企业参与国际市场竞争的信心与勇气不足、顾虑较多，从而造成对国际市场输出的产品相对偏少，开拓市场的深度不够，导致了国际市场供需矛盾加剧。无形之中也因为市场对接体系的不健全，导致了我国部分优秀的地标产品失去了国际市场份额，制约着地标品牌国际化发展。

3. 市场保障问题

我国地理标志行业协会的服务缺失，造成了国际市场对接的错位与商品流通严重不足。如：俄罗斯某商业协会进口我国的优质花生。首先要对我国花生的整体状况进行考察了解、谈判等一系列工作，采购成本较大。其次在达成合作之后，由于双方的文化差异导致表述不准确、理解不透彻，即便签署了协议，在落实过程中也很容易出现矛盾，签署二次补充协议的现象比较频繁，增加了贸易成本。货物在运输过程中，前期选装中，离岸与到岸的过程中，往往会出现一些小的瑕疵，很容易引起双方误会。因为小瑕疵的出现，没有必要诉诸法律解决（国际诉讼代价昂贵），故而往往是采购方受到经济损失，生产方受到品牌与信誉损失，最终冲击双方的合作基础。最后，由于地理标志属于国际通用概念，在WTO框架内有着明确的定义，在地标发达国家领先我们的情况下，为了让我国更多的优质地标产品走出去，积极开拓国际市场，树立国际品牌，在市场体系建设和国际市场体系对接的过程中亟须加强行业协会的作用；增强专业的服务能力，建立健全担保制度，突破由西方地标强国建立的游戏规则，积极发出中国声音，参与并制订新的地标贸易标准准则。中华地标品牌发展业务团队尝试着建立一个相对独立的市场贸易体系，与多国从事地标贸易的商业机构、行业组织进行谈判，以中华地标品牌的发展理念为核心共识，共同搭建多国贸易交流平台，以求达到信息透明、标准互认、共管共赢，保障双、多边的贸易安全，降低贸易成本。经协调，中国、意大利、俄罗斯、加拿大、澳大利亚、巴西、阿根廷等十六个国家的地标行业组织共同成立了"买地标全球集采服务平台"，制订了相关制度，丰富了平台的服务功能，特别是在符合各国进出口贸易要求的前提下，加注"中华地标"标识为优质产品共识，为我国优质的地标产品国际输出，树立国际品牌提供了一个重要渠道。

这个平台的长处有六点：第一是拥有基于区块链技术的两项核心技术，即地理标志产品核销体系和溯源体系，确保地理标志产品品牌的可靠度、可信度。第二是拥有世界 30 多个国家地理标志行业协会和贸易组织会员，拥有极强的货品与服务组织能力、议价定价能力。第三是应用"集约采购"这一最先进的自由贸易采购模式，能够极大地推动全球地理标志品牌产品与服务贸易自由化、便利化。服务平台从 2019 年 5 月以来，已完成面向俄罗斯、意大利、乌克兰等国的中国地理标志产品出口集约采购额达 3 亿美元。第四个 GAP 生产规范互认，品牌认定，文化认同。由于地理标志产品在各国的生产发展中，都与各国的优秀文化关系密切，怎样让认定过的产品在国际交流中，产生最佳效益，是各国都十分重视的问题，因此平台在显示商品的 GAP 生产规范的同时，也将挖掘产品的文化深度，提供详细资料，让多边商品贸易更加透明和了解，促进品牌共同成长。第五是标准互认，商品流通协作，产品储存监管，产品包装规范，包材使用保障。地理标志产品虽然拥有国际标准，但在实际的贸易中，许多国家都是执行各国的自身标准。这给双边、多边贸易带来很大的风险和成本，平台的设立将商品在流通时的各种情况及时呈现，无论是入库出库的规范操作，还是包装标识应用，尤其是食品类的包材使用等都会在贸易前、中、后实时追踪，大大增强了商贸机构的掌控性。第六是法律服务、担保机制、资金监管。为了适应国际间的贸易体系，减少我国企业自身与国际贸易协会的不平等竞争，保障贸易顺利进行，无论是采购方还是生产方都将紧紧围绕"买地标全球集采服务平台"进行谈判、交易，平台将接受一系列服务委托，进行法律服务，双边、多边达成合作之前的系列担保，特别是资金监管，必须经过平台进行结算，为共同成立平台的各合作方提供全方位的贸易保障。

第八章 地理标志产业扶贫理论研究

一、相关概念界定

（一）地理标志状况

中国地貌陆海兼备，南北跨越多个热量带、东西跨越多个地形阶梯，幅员辽阔，多样的气候和地貌适宜众多种类的农业生物类群生长发育。经过千百年的发展，全国各地涌现出一大批品种特殊、品质独特、属于特定区域的特色产品，达到一定规模，在市场上享有较高的知名度，经相关部门认证、审批、注册，成为地理标志产品。

地理标志产品有三个重要特征：一是来源于某特定区域，如西湖龙井，来源于西湖茶区的茶叶才能叫西湖龙井。二是具有特定的品质、理化特点。例如新疆哈密瓜，瓜皮网纹率达95%以上，甜度在16%以上。三是归因特征，特殊品质、理化特点与当地的地理自然环境、人文环境密切相关。例如横县茉莉花，品质与规模均为全球之最，这些与当地的自然生态环境和人文环境密不可分。

（二）什么是地理标志扶贫

地理标志扶贫是产业扶贫的重要内容。它指的是贫困地区依靠地理标志发展特色产业，政府组织引导贫困户参与地理标志产业链上下游的生产、经营与管理，为贫困户创造分享特色资源变特色产业增值收益的机会、创造分享第二三产业增值收益的机会，改变贫困农户收入水平和结构，依靠科研院所、公益平台构建品牌体系、科研体系、市场体系、GAP 体系、金融体系与文化体系，建立贫困农户脱贫致富的长效市场机制，实现低碳扶贫与可持续扶贫的融合。

二、地理标志扶贫的价值与意义

（一）地理标志扶贫有助于发展品牌农业，助力产业兴旺

2017 年中央 1 号文件强调指出："要开展特色农产品标准化生产示范，建设一批地理标志农产品和原产地保护基地，推进区域农产品公用品牌建设，支持地方以优势企业和行业协会为依托打造区域特色品牌，引入现代要素改造提升传统名优品牌。"农业供给侧结构性改革强调的不仅是改善农产品的供给结构和质量，而且标示着农业必须走品牌化发展道路。这既是农业供给侧结构性改革与其他产业供给侧结构性改革的本质差别，也是农业现代化的基本方向。地理标志品牌建设是农业品牌化发展道路的

重要选择。

以地理标志为核心的区域产业集群能够有效地促进区域品牌的形成。面对竞争日益激烈的国内外市场，产业集群若想在同质化中脱颖而出，推进区域品牌化发展是其首选之举。一方面，区域品牌是产业集群发展的产物，是产业集群核心竞争力的体现，地理标志作为区域产业集群的核心，其综合价值的发挥，能够有效地促进区域品牌建设，提升产业集群的市场竞争力。另一方面，产业集群本身就是一种很好的区域品牌，集群的发展和壮大能够有效地提升区域形象，促进区域品牌化发展。可见，区域产业集群促进了区域品牌的形成，而区域品牌又对产业集群产生了强化作用，两者相互促进，相辅相承，共同推动区域农业经济的发展。

所以，地理标志扶贫有助于发展品牌农业，助力产业兴旺。

（二）地理标志扶贫有助于贫困地区产业升级、弯道超车

地理标志品牌有着巨大的经济价值，打造一个地理标志产品，往往就能形成多个品牌，带活一个产业，富裕一方百姓。地理标志品牌是发展"一村一品、一县一业"的宝贵资源，而"一村一品、一县一业"又是农村经济社会发展和助力精准扶贫的成功模式之一，对发展农业生产，增加农民收入，促进农村生产关系的提升，有着十分重要的意义。强化地理标志品牌对扶贫脱贫事业的巨大贡献，重视地理标志品牌的创建与使用，促进地方经济的发展，也给扶贫脱贫事业注入了新活力，有助于贫困地区产业升级、弯

道超车，让贫困户们找到脱贫致富的新出路。

（三）地理标志扶贫有助于生态文明建设与可持续发展

生态价值是地理标志保护的新生动力，多数贫困地区生态资源丰富、环境秀美。地理标志保护制度已经有一百多年的历史，随着社会的发展，以及绿水青山就是金山银山的理念深入人心，绿色发展的自觉性和主动性显著增强。追逐地理标志的经济价值是人的本能，地理标志对自然资源有着依赖关系，要想获得源源不断的经济价值，就要维护其赖以存在的生态环境，"两山理论"印证了生态价值与经济价值的和谐统一，地理标志产地环境是产品质量的保障。所以，地理标志扶贫有助于生态文明建设，以及区域经济的可持续发展。

（四）地理标志扶贫有助于保护与传承优秀传统文化

地理标志是中国优秀传统文化的重要载体，蕴藏着丰富的历史文化与传统知识。地理标志品牌特殊品质除了与当地的环境因素相关联以外，还往往与产地的人文因素相关。因此，生产与销售地理标志产品，培育与推广地理标志品牌，实际上就是推销产地的优秀历史文化。法国"香槟"就是一个成功的范例，在香槟酒誉满全球的同时，不仅法国的酒文化得到很好的宣传，法国的知名度与文化的影响力同样得到大幅度的提升。此外，不能忽视传统知识在生产中的运用,可以说,正是传统知识、传统工艺的使用,才使得地理标志产品有别于其他来源地的类似产品,地理标志品牌的发展可以充分调动区域内生产者学习传统知识的积极性,使其继承、发扬并积极传播凝结了多代人心血的传统工艺。

(五)地理标志扶贫有助于提升国际话语权与影响力

地理标志一直以来都是国际贸易谈判的焦点问题,地理标志保护问题的对立和纷争不仅存在于发展中国家与发达国家之间,更明显存在于历史文化背景不同的发达国家之间。在世界贸易组织规则的框架之内,建立一个对所有成员都有约束力的地理标志的通告与注册多边体系,方向上是符合中国利益的。2011年中欧"10+10"地理标志产品互认互保,2017年又推出中欧"100+100"地理标志产品互认互保,中国地理标志产品正式与欧盟互认后,产品进入欧盟的超市就像进入国内的超市一样高效便捷,并享受与欧盟地理标志产品同样的优惠政策。此项互认保护为推动我国优质地理标志产品"走出去"战略,形成国际知名品牌,推动企业国际化、品牌高端化,奠定了坚实的基础。

中国作为全球最大的发展中国家,始终是世界减贫事业的积极倡导者和有力推动者,中国提前实现了联合国千年发展目标中贫困人口减半的目标,为全球减贫事业做出了杰出贡献。地理标志是国际通用的知识产权名称,扶贫是全球贫困治理的重要实践。地理标志扶贫的实践与经验,对全球其他地区均有很强的借鉴意义，为全球贫困治理贡献了"中国方案"和"中国智慧"，进一步提升我国扶贫领域的国际话语权与影响力。

三、地理标志扶贫典型案例遴选标准

（一）正确把握扶贫政策方向性

脱贫攻坚是中国当前面临的三大攻坚战之一，也是全面建设小康社会的底线目标。近年来，党中央、国务院围绕精准扶贫脱贫攻坚出台了一系列政策，形成了完备的扶贫政策体系。地理标志扶贫典型案例遴选，首先要符合中国扶贫开发政策与战略的大方向，其次和中国特色社会主义事业与政府作为密不可分。

（二）优选具有区域代表性、经验推广性和品牌影响力强的地理标志案例

首先，优先选择集中连片特困地区，案例点地理标志产品要能够代表所在区域特色产业发展水平，在同类产品的竞争中处于绝对领先地位；其次，地理标志扶贫的实践成效，要具有可复制、可推广的属性，在经验总结的同时提升理论深度；再次，所遴选的地理标志应该具有品牌影响力大的特点，在官方、学术机构、民间组织等评选的各类地理标志品牌排行榜，优先选择排序靠前的区域品牌。

（三）案例点地理标志扶贫政策与管理科学有效，优先关注社区发展及国际合作项目

一方面，反映地理标志扶贫的宏观政策和区域性地理标志扶贫开发实施的实际情况，重点挑选在地理标志扶贫成绩突出的地区；另一方面，要从微观角度反映中国扶贫开发政策与战略的落实情况，并展示国际组织在中国实施扶贫项目的方式和实践成效，以小见大。

（四）地理标志扶贫案例要突出地理标志十大特性与六大价值

地理标志产品的十大特性包括生产区域性、产品独特性、品质差异性、品种稀缺性、工艺传承性、文脉悠久性、命名地缘性、使用公共性、两权分离性和特色专属性；地理标志产品的六大价值包括经济价值、法律价值、生态价值、旅游价值、文化价值和教育价值。

（五）优先选择地理标志认证与其他认证重合交叉的部分

这是指案例地产品既获得国家地理标志认证，又获取了国家其他方面认证，例如：全球/中国重要农业文化遗产、世界/中国非物质文化遗产、世界文化遗产等。

四、地理标志精准扶贫典型案例——龙胜各族自治县

（一）案例背景

"通过产业发展一批"作为扶贫攻坚"五个一批"中的第一批，成为未来五年中国在扶贫开发领域所要实施的重要战略。农村产业化扶贫（以下统称产业扶贫）作为发展生产脱贫的重要举措，是指依托贫困地区特色产业来带动一定数量的贫困人口脱贫和致富的扶贫模式。产业化扶贫在目前开发式扶贫过程中发挥着主导作用，从各个省区扶贫专项资金的使用来看，绝大多数省份70%的资金是用于产业扶贫。特色产业扶贫与传统产业扶贫相比，前者对扶贫的效果更佳。地理标志是特色产业、优质产品的代名词。在众多的扶贫措施中，地理标志扶贫因为融合了产业扶贫、就业扶贫、提升贫困地区发展能力等多种扶贫方略，逐步成为扶贫的重要着力点之一。随着对地理标志的重视，各地方政府已经在地理标志助力精准扶贫方面进行了很多大胆的尝试，全国十余个省份和城市在地理标志助力精准扶贫方面出台的政策和文件，各地方政府在地理标志助力精准扶贫方面的政策实践催生了一系列应用推广地理标志脱贫致富的经典案例，龙胜各族自治县就是其中之一。

龙胜各族自治县是桂林市唯一的国家扶贫开发工作重点县，同时还是滇桂黔石漠化片区县，贫困人口多、贫困程度深。龙胜各族自治县全境为山地，平均海拔700—800米。总面积2538平方公里，辖4乡6镇119个行政村，总人口18.6万人，其中农业

人口15.03万人，少数民族人口12.76万人，苗、瑶、侗、壮、汉等民族聚居。2015年底，全县有贫困村59个，建档立卡贫困户7680户29415人，贫困发生率为18.7%。龙胜各族自治县是业内公认的"地标县"，地理标志资源丰富，主要种植杉木、松木、毛竹和水稻、玉米、罗汉果、油茶、西红柿、柑橘、药材等，土特产品有茶油、香菇、木耳、龙脊辣椒、龙脊茶叶、罗汉果、南山梨、蕨菜、笋干、凤鸡、翠鸭、山羊等。

（二）主要做法：六大体系成合力，地标扶贫可持续

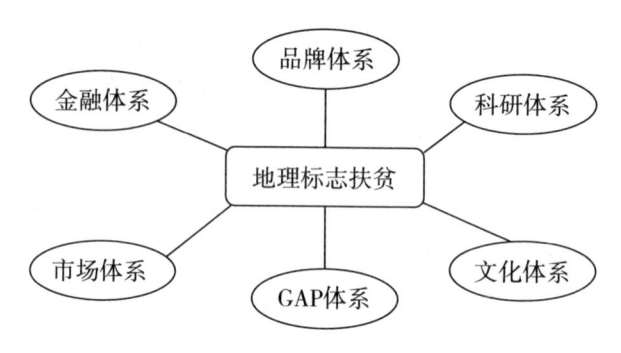

地理标志扶贫六大体系

1. 立足生态资源、地标资源，构建地理标志扶贫品牌体系

地理标志保护和品牌树立体现的是一种市场思维和可持续发展思维。龙胜丰富的生态资源，孕育了丰富的地标资源。充分发挥龙胜生态优势，树立地理标志品牌，引导贫困农户特色产业富民。龙胜现有地理标志产品6个，分别是地灵花猪、龙脊茶、龙

胜红糯、龙胜凤鸡、龙胜翠鸭、龙脊辣椒，均在助力农户脱贫增收上发挥巨大作用。还有大量的地标产品处于培育状态中，如龙胜红玉、龙胜鱼生、龙胜椪柑、南山梨、南山萝卜、龙胜苡米、龙胜竹笋、龙胜油茶、龙胜香糯、龙胜水酒、龙胜油茶等。

龙胜构建地理标志品牌体系主要的工作有，（1）抓好"三品一标"工作，整个龙胜按照"有机产业大园区"的思路发展，目前有13个农产品获得有机产品认证，有效推动龙胜农产品走向高端市场；（2）申报全球重要农业文化遗产，2017年11月，龙胜龙脊梯田在罗马通过联合国粮农组织（FAO）评审，正式被认定为全球重要农业文化遗产（GIAHS），地理标志品牌再添全球重要农业文化遗产加持，丰富品牌内容，为产品走出国门，扩大国际影响力做出杰出贡献；（3）紧跟市场潮流，形成一批特色农家乐集群，培育一批职业农民和种养大户，提升一批运作规范的农民专业合作社，壮大一批农产品精深加工龙头企业，把龙胜特色农业的地标品牌打响擦亮；（4）参与中华地标品牌系列国际活动，积极拓展国际贸易，创设国际地理标志品牌。

2.借力科研院所"外脑"资源，构建地理标志扶贫科研体系

龙胜各族自治县积极借力外脑缩小创新差距，通过加强与高校、科研院所（智库）的合作，推动全县农业科技研发事业腾飞和整体创新能力的提升。借力中国地标文化研究中心，挖掘梳理龙胜农业历史文化资料，成功申报全球重要农业文化遗产（GIAHS），联合国粮农组织高度赞扬，认为龙脊梯田项目蕴含着绿色可持续发展的含义，这些农业文化遗产能够为人类生态文明发展提供中国智慧；借力广西壮族自治区畜牧总站专家对凤鸡保种选育进行深入指导，撰写龙胜凤鸡的广西壮族自治区地方标准，成功完成金凤、银凤两个商用配套系的选育，确保了凤鸡品种的纯正，也使得凤鸡的各项生产性能大幅提高，国家地理标志保护产品龙胜凤鸡还入选国家畜禽遗传资源保护品种名录；借力广西植物研究所开展特色农产品深加工、药用植物的推广、栽培和病虫害防治等专题培训活动，辅导300多位种植户解决生产难题，示范带动数千人，为农村经济建设提供科技支撑；借力南京农业大学开展地理标志资源梳理、农业文化遗产第三方监测、识别评估专项研究，研究成果对制定相关政策起到重要的案例支撑作用。龙胜各族自治县初步形成了包括科技研发、成果转化、农业技术推广等内容为主的科研体系，借力"外脑"为全县社会经济发展创造综合价值约4个亿。

3. 特色文化助力地标产业升级，构建地理标志扶贫文化体系

龙胜各族自治县是少数民族集聚地区，拥有多彩绚烂的民族文化和农业文化，巧借文化之力，助力地理标志产业升级，地标产品逐步拥有文化产品属性，价值提升显著。例如地标产品龙脊茶，龙胜各族自治县不断加大对古茶树的保护和开发力度，着力打造古树茶品牌，推进茶叶产业快速健康发展，让更多群众通过发展古树茶产业实现增收致富。清明前后，龙胜各族自治县中禄村举办的"古树茶文化节"，当地瑶族群众在生态茶园唱起采茶歌，跳起采茶舞，演绎千年古树茶文化。又如地标产品马海辣椒，每年8月份，龙胜各族自治县马海村举行一年一度的"辣椒节"。

当地壮族同胞们身着节日盛装欢聚一堂,开展民族巡游、巧手采辣椒、剁辣椒竞技、"晒秋"特色活动,庆祝丰收。当地群众将采摘到的红辣椒晾晒在路边、屋檐下,与龙脊梯田风光相辉相映,形成一道风情迷人、色彩浓厚的乡村景观,吸引了众多的游客和摄影爱好者。再如桂林龙脊梯田文化节,春耕时节农民开始灌水插秧,这时的梯田层层波光倒影,好似一片片明镜,映照出龙脊风光的雄伟壮丽,9月底至10月上旬在龙脊景区内举办龙脊金秋梯田文化节,活动内容主要有万盏明灯照金坑、唢呐锣鼓迎宾、山歌迎客、敬进寨酒、红瑶歌舞表演、民风民俗展示、篝火晚会,以及千人接"新娘"的浩荡场面。

龙胜各族自治县充分发挥民族节庆魅力,把特色民族文化推向旅游开发。该县海量的文化要素,因地理标志而相关连接成整合系统,不断拓展文化的广度和深度,构建成地理标志文化体系,引领龙胜各族自治县地标产业转型升级高质量发展。

4. 地理标志扶贫助力生态文明建设,构建GAP(良好农业规范)体系

良好的生态环境是人和社会持续发展的根本基础。谋求人与自然和谐发展的生态文明已经成为世界各国的普遍追求。地理标志扶贫有助于形成GAP(良好农业规范)体系,通过经济的、环境的和社会的可持续发展措施,来保障食品安全和食品质量,该体系包含从田间地头到餐桌的整个食品链的所有步骤。地理标志扶贫有助于石漠化地区综合治理,加快生态文明建设,打造和谐人居环境。它本质上是将生态优势转化为经济效益,前提是保护和重建好生态环境,在发展经济的同时,要充分考虑环境资源的

承载能力；要积极探索生态保护与生态开发的有效结合途径，始终坚守人与自然和谐共生。

5. "双线共推""双轮驱动"，构建地理标志扶贫市场体系

地理标志扶贫市场体系建设包括线上、线下、国内、国外四个方面构成，四者有机融合相互促进。

"双线共推"指的是地理标志产品市场的线上、线下相结合，线上主推"互联网+扶贫"，目前，阿里巴巴、京东、乐村淘等知名电商都已进驻龙胜各族自治县，各类农村电子商务服务站达到60多个，覆盖全县50%的行政村；全县共有40多家本地企业在淘宝、天猫、京东、苏宁易购、微信商城等电商平台开展线上销售，个体网店达到1000多家。线下主推"消费扶贫"，通过把餐饮和小区店这两种渠道打通，主动迎接市场检验，通过引导和促进消费者，消费来自龙胜各族自治县的生态有机的农产品。

"双轮驱动"指的是地理标志产品市场的国内、国际相结合。国内市场主推粤桂联动，与广东肇庆市高要区紧密协作，通过组织保障+制度创新、造血扶贫+输血扶贫、政府推动+社会参与等广泛的协作帮扶形式，有效改善了龙胜各族自治县贫困地区的面貌，通过举办特色地标产品展销会等形式，为当地带来了发展经济的新思路、新举措，加快了群众脱贫致富奔小康的坚实步伐。此外，积极发展旅游扶贫，促进地理标志产品销售与影响力的扩大，龙胜具有自然环境优良、文化底蕴深厚、民俗特色突出的优势，延长产业链、价值链，促进第一、二、三产业融合发展。如龙脊镇的大寨村民以梯田和民族村寨入股发展旅游，仅2018年参与"旅游合作社"分红就达到 670 多万元，最多一户分得 5.6 万元，最少的一户也超万元。2018 年龙胜游客量达 877.36 万人，总消费 87.38 亿元，带动直接从事旅游服务的农户 2 万多人。在国际市场主要参与中华地标品牌振兴计划，2018 年中华地标品牌振兴计划办公室在加拿大温哥华成立中加地理标志发展组织，将龙脊辣椒、龙胜竹笋、龙胜香糯等产品推送到布兰登平价超市集团、Sinova 农业食品等国外主流商超，深受国际友人喜爱与追捧，2019 年中华地标品牌国际推荐会达成贸易额近 30 亿元，龙胜的地理农产品受益巨大，产品增值幅度平均水平在 75% 以上，未来将进一步参与"十国地理标志产品展"澳大利亚站、巴西站等活动，发展农产品国际贸易。

6. 资金互助，小额信贷，构建地理标志金融体系

资金问题是发展地理标志特色产业扶贫的重要制约，为破解资金要素难题，龙胜各族自治县积极稳妥发展贫困村资金互助组织，采取财政扶贫资金补助、社会帮扶等形式，每个贫困村项目互助资金规模不少于 50 万元。此外，龙胜各族自治县狠抓小额信贷"放管用"关键环节，充分撬动小额信贷资金促进扶贫产业发展，为贫困户量身定制评级授信指标，利用两个月的时间高效完成建档立卡贫困户的评级授信工作，极大满足了贫困户对发展资金的需求，至 2018 年 10 月底，全县累计发放扶贫小额信贷 15874.76 万元，贷款余额 10482.73 万元，惠及建档立卡贫困户 4756 户，贫困户所获贷款全部用于自主经营，鼓励贫困户将信贷资金投入成本低、见效快的种养产业，其中从事龙胜地理标志产业的占比 60% 以上。龙胜各族自治县初步构建了资金互助组织+

小额信贷+农村商业银行为主体的地理标志扶贫金融体系。

（三）主要成效：地理标志扶贫效果显著，牢筑返贫防范堡垒

龙胜县通过树立地理标志品牌，立足特色产业扶贫，并结合其他举措共同发力，打赢脱贫摘帽攻坚战。截至2018年底，龙胜各族自治县45个贫困村脱贫出列，减贫2.89万人，贫困发生率降至1.86%。龙胜县2016年、2017年、2018年连续三年荣获全区县级党委、政府扶贫开发工作成效考核综合评价好的等级。2019年4月，自治区人民政府批准龙胜各族自治县脱贫摘帽。

2018年龙胜各族自治县人均地区生产总值3.5万元，地理标志扶贫六大体系产值约8亿元。减贫以产业扶贫占所有扶贫项目70%的比例计算，地理标志扶贫可实现减贫人数约2万人；以15万元创造一个工作岗位结算，地理标志产业发展创造就业岗位5330个；以小康水平工资3000美元/年计算，地理标志扶贫产值可以带动就业人口3.7万人就业，假设龙胜各族自治县地理标志扶贫产业增速等同于国家GDP6.5%的增速，可以预见，3-5年可以带动就业人口4.2万人，5年后带动就业人口可以稳定在4.5万人以上。

精准扶贫精准脱贫的难点就在于如何做到稳定脱贫不返贫。一个地区可持续脱贫，需要脱贫产业可持续发展，地理标志精准扶贫是可持续发展的脱贫产业。此外，还需引导社会力量投入脱贫攻坚战，优化扶贫政策措施，巩固扶贫成果，引导贫困群众树

牢主体意识，发扬自力更生精神，增强改变贫困面貌的决心和信心。

（四）主要启示

（1）稳固地理标志扶贫的六大体系，促进脱贫产业持续发展

地理标志是特色产业、优质产品的代名词，是与"三农"最密切的知识产权。地理标志扶贫既能直接促进农业增效、农民增收、农业产业结构调整，又能促进贫困地区通过有效农业开发实现可持续发展；既能体现"创新、协调、绿色、开放、共享"五大发展理念，又能大力弘扬中华民族传统文化、树立文化自信。

地理标志扶贫立足品牌体系、科研体系、文化体系、GAP体系、市场体系、金融体系构建，从根本上凝聚了特色产业扶贫开发所需的现代要素，促进脱贫产业的持续发展，抑制返贫。

（2）地理标志扶贫要探索适合当地的生产经营方式

唯物辩证法告诉我们，任何模式的产生与形成都根植于当地实际，模式因实践而形成、因实践而不断丰富和完善。地理标志产品因其独特的资源环境优势、人文环境优势，所拥有特殊的品质，在消费升级的大背景下，市场价值高，价值容易实现。龙胜人把生态保护和开发生态农品、发展生态旅游有机结合起来，走共同创业致富之路，给"地标扶贫"赋予了新的内涵。

在推动区域经济发展的过程中，具有生态资源优势的地区应努力做好生态农品、生态旅游这篇文章。要树立"有机产业大园区""大景区"理念，从生态文明建设、特色产业发展等方面着手，深入挖掘当地民族历史人文旅游资源，着力打造文化生态旅游系列活动品牌，促进文化与生态旅游的融合发展，以文化提升旅游的内涵，以旅游扩大文化的传播和消费。引导当地群众把地标产品的生产加工链条做长，让更多群众在生态旅游产业发展过程中受益。

（3）地理标志扶贫注重从"产业增效"到"产业兴旺"理念的跃升

乡村振兴产业兴旺是关键，"科技是第一生产力，人才是第一资源，创新是第一驱动力"，地理标志扶贫更是如此，不能因为取得产业增效的成绩后就停滞不前，政府应加大引导观念转变，积极树立产业兴旺目标，助力衔接乡村振兴战略。

首先，推动产业提质增效。地理标志农产品想得到市场认可，就必须在"质"上下功夫，如果没有质量过硬，即便营销手段高明，也不会被广大消费者认可。要坚持质量兴农、绿色兴农、品牌强农，推动农业由增产转向提质，做到品种特色化、基地规模化、生产标准化，用"质"来提升产业水平，用"质"来获得高效益，推动现代农业高质量发展。

其次，实现产业"接二连三"。一条腿走不好路，产业发展也不能"单打独斗"，要以农业供给侧结构性改革为主线，推动第一二三产业融合发展，做强一产、做大二产、做活三产，打造地理标志农业全产业链，构建现代农业产业体系，实现现代农业可持续发展。

再次，释放产业"虹吸效应"。推动第一二三产业融合发展，就能吸引更多人才"回流"创业，通过打造一支强大的乡村振兴人才队伍，激励各类人才大显身手，充分发挥他们的聪明才智，使龙胜的人气更旺、发展充满活力。

综上所述，龙胜各族自治县地理标志扶贫切实可靠，地理标志是持续发展的脱贫产业。开展地理标志助力精准脱贫典型案例研究，总结地理标志扶贫先进经验、模式、路径，探寻地标扶贫普适可推广规律，有助于巩固脱贫攻坚成果，抑制返贫。实现地理标志应有的价值，为建立稳固长效的脱贫机制提供参考，为全面小康社会贡献力量。

五、成果展现形式

地理标志精准扶贫典型案例研究的成果形式多样，包括：政策建议、研究专著、扶贫典型试点建立与推广、电视栏目系列报道、全媒体立体式宣传。

（1）政策建议。在开展工作的时候，积极总结归纳阶段性研究成果，以决策要参、扶贫观点等形式提交政策建议报告，为相关部门制定扶贫政策提供案例支撑与理论支持。

（2）研究专著。地理标志助力精准扶贫典型案例研究，在全国范围内遴选20—40个典型案例，研究专著总字数不少于50万字。

（3）扶贫典型试点建立与推广。在案例调研过程中，积极与贫困村建立试点关系，结合地理标志扶贫理论与实践经验，陪伴式协助贫困村树立地理标志品牌，助力农户脱贫致富，并总结经验在资源禀赋相近的地区推广。

（4）电视栏目系列报道。联合中央电视台、北京电视台等权威媒体，组织策划地理标志扶贫专题片，撬动更大范围内舆论关注，加速提升贫困地区地理标志品牌关注度，实现品牌价值。

（5）融媒体立体式宣传。积极推动融媒体（纸媒、网媒、自媒体等），在人力、内容、宣传等方面进行全面整合，实现"资源通融、内容兼融、宣传互融、利益共融"的新型媒体，立体式宣传地理标志助力精准扶贫典型案例的成果。

第九章 中华地标品牌：回顾与展望

众所周知，地理标志是一个国家和地区特有的优质产品的原产地符号，是品牌经济的重要实现路径，是知识产权的重要门类。地理标志产品当中，大多数是优质农产品，其物质基础，就是优秀的生物种质资源，在遵循自然规律的前提下，借助地理环境适生区的良好生态环境，在长期自然进化和人类选择的过程中，形成固定的生物学特征、遗传学特质和质量特性，成为有效成分最佳、经济功能最好、开发价值最大的原产地品种。特别是在叠加融合文化、科技、品牌、互联网等时代要素之后，地理标志产品的经济价值、文化价值、社会价值更加凸显。因此开发地理标志产品、发展地理标志产业，是一个事关中国经济结构性调整、事关民生福祉的重大问题，也是事关经济全球化、事关国际贸易自由化便利化的重大问题。

一、开发地理标志产品、打造地理标志品牌的重要意义

中国特色社会主义进入新时代，加快开发地理标志产品、打造地理标志品牌，有着非常重要的政治意义、经济意义、文化意

义和社会意义。

首先，开发地理标志产品、打造地理标志品牌，是落实习近平同志关于"绿水青山就是金山银山"重要理论、推动乡村振兴战略的伟大实践。

习近平同志强调指出，"农业结构往哪个方向调？市场需求是导航灯，资源禀赋是定位器。要根据市场供求变化和区域比较优势，向市场紧缺产品调，向优质特色产品调，向种养加销全产业链调，拓展农业多功能和增值增效空间"。

绿水青山就是金山银山，绿水青山转化为金山银山，需要物质载体、实现路径，地理标志产品以其独有的物种资源、独特的地理环境、独到的生产工艺、独具的人文特色和重大的经济价值、重要的社会价值，成为实现这一转化的最佳物质载体和实现路径。

同样，实施乡村振兴战略，习近平总书记在党的十九大报告中提出的5句话、20个字总要求，第一句就是"产业兴旺"。乡村产业兴旺的战略选择，就要瞄准市场需求信号、发挥资源禀赋优势，打造地理标志品牌、发展地理标志产业势在必行。

下面分析三个开发地理标志产品、打造地理标志品牌的案例。

安吉县、安溪县、安化县，县名都带一个"安"字，国内同行业称为"三安"。这三个县，也是我们中国地标文化研究中心《中国地理标志品牌发展研究报告》蓝皮书课题组重点关注的地区。

一是浙江省安吉县，茶叶产值占全县农业产值的60%，全产业链就业近20万人，为全县36万农民实现年人均增收7030万元。

二是福建省安溪县，全县茶叶产值175亿元，26万农户中有20万户涉茶，120万人口中有50多万人事茶，农民人均纯收入中 56% 来自茶业。

三是湖南省安化县，全县农民人均纯收入中 2000 元以上来自茶产业，2018 年茶业对全县财政收入贡献 3.2 亿元，茶农每亩茶园收入达到 0.8 万元—1.5 万元。

"三安"经验，充分验证了习近平同志提出的"绿水青山就是金山银山""一片叶子兴了一个产业富了一方百姓"的科学论断，充分揭示了围绕市场需求、调整农业结构的必要性和紧迫性，充分体现了习近平新时代中国特色社会主义思想在指导实施乡村振兴战略、发展地标产业方面的巨大威力。

其次，开发地理标志产品、打造地理标志品牌，是打赢脱贫攻坚战、决胜全面建成小康社会的重要路径。

坚持精准脱贫、精准扶贫，坚决打赢脱贫攻坚战，是习近平新时代中国特色社会主义思想的重要内容。习近平总书记强调，围绕解决"怎么扶"的问题，实施"五个一批"工程，第一就是发展生产脱贫一批。习近平总书记在中央扶贫开发工作会议上的讲话中着重指出："对贫困人口中有劳动能力、有耕地或其他资源，但缺资金、缺产业、缺技能的，要立足当地资源，宜农则农、宜林则林、宜牧则牧、宜商则商、宜游则游，通过扶持发展特色产业，实现就地脱贫。"

根据中国地标文化研究中心几年来的专业研究，我国三部委认定的近一万种地理标志产品当中，有 80% 以上属于农产品范畴或者与农产品紧密关联；地理标志产品类的农产品当中，80% 以上与我国的老少边贫地区紧密关联。因此，开发地理标志产品、发展地理标志产业就成为打赢脱贫攻坚战、决胜全面建成小康社会的重要选择。

中国地标文化研究中心与北京电视台联合主办的《解码中华地标》栏目组在调研中一直关注到,在开发地理标志产品走出地方特色脱贫之路方面,江西省赣州市南康区、河北省康保县这两个县给我们提供了很好的成功案例。

南康区是江西省赣州市辖区之一,属原中央苏区县和罗霄山集中连片特困地区。近年来,南康区在没有当地木材资源的条件下,充分利用进口木材资源,大力发展实木家具这一地理标志特色产业,并设立了全国县级政府唯一的一个家具产业促进局,目前,南康是全国最大的实木家具制造基地,家具产业集群产值在2016年突破千亿大关,2017年突破1300亿元,2018年突破1500亿元,今年还将会有跨越性发展。现在,南康家具产业从全球50多个国家进口木材,南康家具销往100多个国家和地区。

河北省张家口市康保县,位于"燕山—太行山"连片特困地区,2018年还有4万多农民没有脱贫。在扶贫攻坚中,他们克服当地工业基础薄弱的先天不足,充分利用当地的蔬菜瓜果等地理标志农产品资源,引进康师傅方便面蔬菜包生产线,年产方便面蔬菜包30亿包,康保县脱水蔬菜包成为全国食品工业领域的工业发展新地标,有力地促进了当地经济结构优化、群众脱贫致富。

新疆维吾尔自治区和田地区大力发展红枣产业、云南省文山壮族苗族自治州大力发展三七产业、重庆市石柱土家族自治县大力发展辣椒产业等,都是从实际出发、做足做好地理标志文章、打赢脱贫攻坚战的好典型。

再次,开发地理标志产品、打造地理标志品牌,是传承民族

第九章

中华地标品牌：回顾与展望

优秀文化、增强文化自信的现实选择。

习近平总书记强调说，"要系统梳理传统文化资源，让收藏在禁宫里的文物、陈列在广阔大地上的遗产、书写在古籍里的文字都活起来。要以理服人，以文服人，以德服人，提高对外文化交流水平，完善人文交流机制，创新人文交流方式，综合运用大众传播、群体传播、人际传播等多种方式展示中华文化魅力"。

地理标志产品，就是"陈列在广阔大地上的遗产"之一，它的魅力所在，不仅在于从物质层面上，它代表着最美好的物产、最地道的口味、最丰富的营养、最舒畅的享受，还在于它在精神需求层面上，蕴含着尊崇自然的科学态度、承载着独具韵格的工匠精神、积淀着历久长新的文化结晶、聚集着思乡爱国的精神追求。

五千多年的华夏文明孕育了丰富多彩的地标产品，比如，在传统刺绣工艺品中，湖南的"湘绣"、四川的"蜀绣"、广东的"粤绣"和江苏的"苏绣"，以其特有的地域特色、选材质地、精妙针法和构图设计等，获得中国"四大名绣"的美誉。又如，在近代剪刀行业中，出现了"南有张小泉，北有王麻子"的响亮口碑宣传。又如，在茶文化中，西湖龙井、洞庭碧螺春、云南普洱、黄山毛峰、武夷岩茶等众多种类齐享盛名。还有，在酿酒行业，贵州茅台、四川五粮液、山西杏花村、绍兴花雕等各有千秋。

近几年来，中国地标文化研究中心突出地理标志产品文化的调查研究、研究挖掘、推介传播和提质升级，深切感受到，文化类地理标志正在成为全国各地促进经济发展、结构调整、消费升级的热点。北京电视台已经播出的《解码中华地标》52期栏目，中国地标文化品牌就占了 31 期。《解码中华地标》栏目先后采访推介了西藏自治区雪堆白藏族传统艺术、藏医药，云南省位于老山前线的麻栗坡县传奇中医药石斛，新疆维吾尔自治区的和田红枣文化，陕西省延安市的黄土文化、苹果文化，天津市的杨柳青年画，北京市的大运河通州段、"葡萄常"传统手工艺、牙雕、景泰蓝、怀柔水长城，等等。《解码中华地标》栏目在北京电视台和央视中国国际电视台（CGTN）同步播出，不仅在传播优秀文化、增强文化自信、打造文化品牌方面发挥了重要作用，还为助力产业发展、助力精准扶贫做出了实实在在的贡献。云南省麻栗坡县的中医药文化产品老山石斛，通过《解码中华地标》节目打进了钓鱼台国宾馆，打进了北京市外交免税店，打进了加拿大温哥华的西人主流超市。麻栗坡县和文山州政府领导专门给栏目组发来感谢信。

最后，开发地理标志产品、打造地理标志品牌，是推动科技创新、建设创新型国家的重要战场。

习近平总书记在党的十九大报告中强调，"创新是引领发展的第一动力，是建设现代化经济体系的战略支撑"，提出了"建设科技强国、质量强国、航天强国、网络强国、交通强国、数字中国、智慧社会"的宏伟目标，为加快建设创新型国家指明了前进方向。

中华大地，物华天宝，人杰地灵，成千上万种地理标志产品的出现、发现、发展、壮大、传承乃至产业化、品牌化、国际化，不仅是无数大自然优胜劣汰、适者生存的生物生命过程，也是无数敬畏自然、尊崇科学、因地制宜、改革创新的社会劳动过程。

第九章
中华地标品牌：回顾与展望

毛主席当年强调的"农业八字宪法"，土肥水种密保管工，就包括水土条件、种质资源、科学管理、加工运储等不同层面的要求。

这里举一个陕西省平利县地理标志产品绞股蓝的案例。

陕西省平利县处于全国扶贫攻坚主战场的秦巴山片区。中华人民共和国成立之前，在平利县的一些偏僻村落，人们生活艰难，吃了上顿没下顿，但却有许多长寿老人。这些老人体格强健，耳不聋、眼不花，和年轻人一样下地干活。外来者都很惊奇，本地人也说不上缘由。直到20世纪70年代的一次调查才发现，这些村落的人们因为粮食短缺，常常在开春后麦收前的"青黄不接"时段，采摘一种本地称之为"母猪藤"的植物的嫩叶嫩芽，掺在粮食中一起食用。这种"野菜代粮"的"母猪藤"，就是绞股蓝。绞股蓝的独特之处在于富含有机硒，有清热解毒、降胆固醇、降血脂、降血压的功能，被誉为"三高克星""人间仙草"。秦巴山区那么大，安康地区那么大，绞股蓝资源何其多，为什么偏偏是平利县能成为"全国绞股蓝第一县"呢？这里就有一个平利县人民科学创新，在全国第一个开发绞股蓝地理标志产品的故事。

1976年5月，中国科学院药物研究所来到平利县采集绞股蓝标准样本，通过专家解说和有限的信息资料，平利县政府敏锐地感觉到绞股蓝的开发价值，迅速组织立项，申报课题，并对科技攻关工作作出总体安排部署。1978—1980年，平利县政府完成了秦巴山区绞股蓝野生资源普查，发现全县拥有野生绞股蓝30万亩，随后围绕绞股蓝开发开启了勇于创新的"平利模式"：1982年平利绞股蓝作为待开发的"名贵中药材"第一位，列入国家科委"星火计划"；1988年绞股蓝人工栽培驯化获得成功；1990年平利县创建成为"全国绞股蓝栽培基地县";2004年平利县"绞股蓝茶体系标准"成为陕西省地方标准,填补了国内空白;2004年国家质检总局认定平利绞股蓝为"国家地理标志保护产品";2005年平利县被国家质检总局认定为"国家级绞股蓝示范区"。

现在,绞股蓝产业已经成为平利县重要支柱产业,驯化栽培面积5万亩,绞股蓝产品已经开发药、茶、饮品3大系列14个品种,形成了"科工贸一体化、产加销一条龙"的产业体系。与此同时,平利县广大农村形成了绞股蓝饮食文化,昔日的果腹充饥度荒年的"母猪藤",成为今天乡村旅游、农家乐的金字招牌,在增加农民收入、助力脱贫攻坚方面发挥了支撑性的重要作用。

二、国际国内地理标志品牌的现状及存在的主要问题

从国际层面看,基本情况如下。

一是国外在地理标志产品和品牌数量、交易量上占优势。

根据2019年5月的统计数据,全世界共有地理标志产品60863个,其中中国9958个,国外地理标志产品总数占83.64%;国际地理标志产品贸易总额10万亿美元以上,我国约为10万亿人民币,国外占比85.7%。

二是国外在地理标志知识产权、标准话语权上占优势。

国际上掌管地理标志产品事务的世界贸易组织、世界知识产权组织、联合国粮农组织,基本上都是西方人主导建立、西方人主导运行;欧盟以地理标志起源地自居,中国—欧盟领导人二十多次会晤,每次都设置地理标志这个议题;中欧地理标志谈判漫

长而繁冗，"10+10"就谈了十几年，"100+100"虽然谈成了，但批准、落实的过程又很复杂。2019年11月6日，在习近平主席与法国总统马克龙共同见证下，中国和欧盟签署了《关于结束中华人民共和国政府与欧洲联盟地理标志保护与合作协定谈判的联合声明》。这是一个里程碑意义的重大进步。

三是国外在地理标志品牌经济、文化上占优势。

西方国家及跨国公司凭借上百年积聚的经济、科技优势，形成了事实上的地理标志品牌霸权、地理标志品牌压榨：比如立顿公司从中国、肯尼亚、斯里兰卡低价进口地理标志产品茶叶，制成品再以较高价格返销中国市场，占领国际市场；再比如可口可乐、雀巢、星巴克等从东南亚、南美洲低价进口地标产品咖啡豆、可可，再把制成品分销全球；又比如我国新疆的番茄酱出口原料到国外，亨氏公司制成高端产品再来占领中国市场。这样一来，包括我国在内的发展中国家和地区，处在地理标志产品产业链的最低端，基本上就是提供廉价原材料，高额利润都被西方国家及跨国公司拿走了。这种地理标志领域的不公平现象必须改变了。

应该看到，中国政府历来高度重视地理标志事业，从二十世纪八十年代起，借助改革开放的历史伟力，综合运用法律规范、政策引导、经济杠杆、文化传承等手段，在保护地理标志遗产、发展地理标志经济、保护地理标志知识产权等方面取得了卓有成效的业绩，地理标志产品日益成为中国国民经济发展的重要力量、改善民生的重要路径、消费升级的优化选择。

在充分看到我国地理标志事业发展的历史业绩的同时，也要看到存在的问题和不足。

一是政府管理层面存在问题。政出多门，"多龙治水"。地理标志产品过去是质监总局、工商总局、农业部三家管理，本次改革后是市场监管总局、农业农村部两家管理。2019年10月16号国家知识产权局发布公告，发布了地理标志专用标志。这是一个历史性进步，配套改革、完善政策、统一标准等任务还相当艰巨。

二是供给侧存在问题。习近平总书记就一针见血地指出，"我国农业发展形势很好，但一些供给没有很好适应需求变化，牛奶就难以满足消费者对质量、信誉保障的要求，大豆生产缺口很大，而玉米增产则超过了需求增长，农产品库存也过大了"。同时，"舌尖上的安全"问题还没有完全解决，绿色、优质、安全的地理标志产品供给能力不足，产业发展存在短板。

三是消费端有问题。习近平总书记有一段话，发人深省："我国一些有大量购买力支撑的消费需求在国内得不到有效供给，消费者将大把钞票花费在出境购物、'海淘'购物上，购买的商品已经从珠宝首饰、名包名表、名牌服饰、化妆品等奢侈品向电饭煲、马桶盖、奶粉、奶瓶等普通日用品延伸。据测算，2014年我国居民出境旅行支出超过1万亿元人民币。"同时，国内消费者对国产的地理标志产品了解不充分、信心也不足。在中华地标团队举办的全国性市场调查中，80%以上消费者对"中国地理标志产品"知之甚少；在市场消费实践中，80%以上知晓者选择消费地理标志品牌产品。

问题就是工作导向，问题就是发展机遇，地理标志产品、地理标志产业和地理标志文化的发展面临新的历史机遇，必将迎来新的发展高潮。

三、对打造中国地理标志品牌的建议

新时代中国地理标志事业的发展，必须以习近平新时代中国特色社会主义思想为指导，重点学习贯彻习近平总书记关于品牌建设、关于"三个转变"、关于"两山理论"、关于"乡村振兴战略"等重要战略思想，重点抓好理论创新、机制创优、平台创设等几个方面的工作。

（一）理论创新

理论创新的第一层意思是要正本清源，增强文化自信。现在国际上关于地理标志的理论、标准、法律及其实践，都是以欧洲为起点的，有其必然性、合理性，但也有其偏颇性、不公正性。我们从研究地理标志的角度去解读，就会发现《尚书.禹贡》堪称世界地理标志理论的开山鼻祖，至少要比西方人早出几千年。从《禹贡》开始，秦汉隋唐，宋元明清，中央政府不仅在贡品、土贡等方面有严格的管理制度，而且设立专门的行政机构进行管理。目前这方面研究成果极少，值得引起注意。

理论创新的第二层意思是与时俱进，打通条块分割。中国目前的地理标志理论研究，基本上都是在围绕着"农产品"转圈圈，尚未把工业地标品牌、服务业地标品牌、文化地标品牌、城市形象地标品牌纳入研究视野，很大程度上影响和限制了地理标志理论研究的实践指导价值、政策参考价值和国际交流价值。事实上，西方人一直推崇备至的第一份现代地理标志文献——1883年3月20日通过的《巴黎公约》，全称就叫《保护工业产权巴黎公约》。在国际上直接负责全球地理标志事务的世界知识产权组织WIPO在其官方文件中就一直强调，地理标志产品不仅包括农产品，也包括工业产品和文化产品。从这个角度看，地理标志理论创新尤其具有必要性、紧迫性。

理论创新的第三层意思是争取地理标志国际话语权、标准设定权。习近平总书记强调，标准已成为世界"通用语言""国际标准是全球治理体系和经贸合作发展的重要技术基础"。国际标准的战略地位和作用如此重要，但是中国在国际标准话语体系中的发言权需要提高，尤其要研究和遵循话语权生成的基本逻辑。2015年10月，当时的国家质检总局局长接受采访时讲到，中国主导制定的国际标准，仅占国际标准总数的0.7%。[1]

强大的理论说服力、公正的价值理念、科学的数据依据和实证材料是构成话语权的基本要素，直接影响议题设置的引导力、说服力和影响力。在这当中，强大的理论说服力是第一位的，我们的地理标志理论研究，应该正视差距，奋发有为，迎头赶上。

我们看到，自2015年以来，中国地标文化研究中心在理论研究的视野和思路上进行了大胆探索和创新，取得了初步的成果。在持续数年的"地理标志品牌"研究中，不仅兼容原农业部、现农业农村部登记的"中华人民共和国地理标志农产品"（英语缩写AGI）；兼容原国家质量监督检验检疫总局和原国家工商行政管理总局商标局、现国家市场监督管理总局知识产权局注册和认

---

[1] 参《南方日报》文章，转引自中国化工仪器网，2016-09-14-14:05。

定的"中华人民共和国地理标志证明商标"（GI）、"中华人民共和国地理标志保护产品"（PGI）；还包括以国务院文件形式公布，原文化部、现文化和旅游部主管的国家级非物质文化遗产（能够以货品和服务市场化的部分）；包括商务部认定的"中华老字号"等一批重要的有效政务资源。

总结中华地标的初步理论研究成果，一是初步搭建起了"中华地标品牌"的理论框架，首次提出了农业地标、工业地标、文化地标等概念，创立了开展认定、认证、认同的行业标准、工作程序，组建了专家团队。二是在争取国际话语权方面迈出坚实步伐，在进行理论创新的前提下，在外交系统、对外友协等支持帮助下，先后在"一带一路"沿线国家和重要经济体国家，以爱国侨领为核心，以当地西人主流社会为主攻方向，发起成立中美、中加、中俄、中法、中意、中国—巴西、中国—西班牙等16个地理标志发展协会，为中国地理标志产品、中国地理标志文化走向世界设计了线路图、铺设了路径渠道。2019年5月由16个国家的地标协会发起，启动"国际地理标志发展组织"筹建工作，法国驻华使馆参赞、西班牙驻华使馆参赞、澳大利亚农业和水利部官员、马来西亚卫生部官员等共同参加了此次重要活动。

（二）关于机制创优探索

2019年9月份，习近平总书记在中央深改委第十次会议上强调指出，要把深化改革的着力点放到加强系统集成、协同高效上来，巩固和深化这些年来在解决体制性障碍、机制性梗阻等问题以及政策性创新方面取得的改革成果，推动各方面制度更加成熟更加定型。这里实际上就是突出讲了一个机制创新问题。

一是促进部委和行业联动。改革开放以来，国家耗费大量的人力、物力、财力，形成了国家地理标志产品、非物质文化遗产、中华老字号、中国驰名商标、历史文化名城名镇名村、工业遗产保护名录、国家5A级景区、全国红色旅游经典景区等一系列宝贵的政务资源。这些珍贵的政务资源，是改革开放四十多年来各级行政管理部门集体智慧的结晶，是全国人民的奋斗成果，是新时代发展经济、改善民生的宝贵财富。从地理标志事业角度看，这些政务资源，是我们开展新时代地理标志理论研究的丰厚土壤，是中国地理标志走向世界的自信基础、实力本源，要利用好、研究好，更要发展好。

二是促进社会各界和群众联动。从1985年开始算起，到2018年底，中国用33年时间认定、注册、登记了九千九百个地理标志产品，世界排名第一；欧盟有4844个，排名第二；摩尔多瓦（欧洲国家，面积3.38万平方公里，人口357万）4615个，排名第三；排名第四的是格鲁吉亚（亚洲国家，面积6.97万平方公里，人口478万），4196个；第五是波黑（面积5.12万平方公里，人口377万），3415个。当然，各国国情不同，关于地理标志的理论、法律、政策、办事程序等千差万别，但有一点是肯定的，如果没有社会组织、行业协会等全社会各方面的积极参与，像摩尔多瓦、格鲁吉亚、波黑这些国家，光靠政府部门那点工作力量是不远远够的。因此，我们要借鉴别国经验，坚持走群众路线，调动全国上下、社会各界方方面面的力量，形成推动地理标志事业发展的磅礴伟力。

三是促进国内和国际联动。国务院新闻办公室 2019 年国庆节前发布的《新时代的中国与世界》白皮书讲到，从现在到 2040 年，中国和世界其他经济体彼此融合有望创造 22 万亿至 37 万亿美元经济价值，相当于全球经济总量的 15%—26%。白皮书还说，未来 15 年，中国进口商品和服务将分别超过 30 万亿美元和 10 万亿美元。在这两组充满吸引力的数据当中，地理标志产品和服务将占据重要地位。因此，从民间交流角度讲，急需加强与地理标志国际组织、贸易组织、国际行业协会、国外大学、智库机构、跨国公司等的货物和服务贸易、学术交流、技术引进、知识产权转让、地标文化传播等，在贸易和交流中发展我国地理标志事业，推动国际地理标志事业可持续发展。

（三）关于平台创设

新时代推进中国地理标志事业大发展，需要创设地理标志事业发展新平台，依托新平台，创造有利于地理标志事业发展的环境、创建全社会有识之士特别是年轻人投身地理标志事业的发展、发财、发达机会。从这个意义上讲，平台创设、环境创造、机会创建是一体推进的。

一是要注重地理标志技术创新平台创设。地理标志产业发展，不仅仅是一个评审评定、品牌塑立问题，也不仅仅是产品宣传、货品贸易问题，地理标志品牌的核心是科学技术。举一个例子，现在我国的地瓜产业，鲜薯一般卖到 0.5 元一斤。海南省澄迈县桥头镇的高端鲜食地瓜，是国家级地理标志农产品，一斤最高卖到26元，地瓜卖出了高端水果价，占据国内高端地瓜市场份额的90%以上。澄迈县地瓜产业之所以能够走上"高端鲜食路线"，关键在于以核心科技为支撑，通过实施全程标准化管理，实现了从种苗、种植、采收、分拣、仓储、包装、运输到上市检查的全程规范标准化运营。"科学技术是第一生产力"，地理标志产业发展也不例外，必须紧紧依靠科技进步，依靠技术创新平台。

二是要注重地理标志知识产权交易平台创设。地理标志知识产权有其特殊性，比如知识产权的区域性和集体性，知识产权归属主体的不可转移性等。但是，我们更要看到，地理标志既然是一种知识产权、一种无形资产，就自带资本属性，其实现形式完全可以是多样化的。

中国地标文化研究中心在研究实践中，重点关注了兰州牛肉拉面和沙县小吃这两个地理标志品牌的知识产权实现形式多元化的案例。兰州牛肉拉面企业目前在全国开设店面5万多家，带动就业近100万人，年营业额800多亿元，已经在"一带一路"重要节点上40多个国家落地，发展店面200多家。"沙县小吃"在全国发展到8.8万家，沙县有6万多名群众走出沙县经营餐饮。"沙县小吃集团"餐饮连锁品牌在美国、日本、澳大利亚等7个国家简称加盟连锁标准门店16家，在全球10多个国家和国际组织完成商标注册，商标保护申请覆盖55个国家和地区。这两个地理标志品牌成功实现了知识产权保护和交易的多元化、国际化，创造了宏大可观的经济业态、鼓舞人心的民生数据、走向国际的成功案例。人民群众的伟大实践已经走在了理论和学术的前头，走在了管理机构的前头。不进则退,小进也是退,知识产权交易平台创设一定要跟上时代前进的脚步。

三是要注重地理标志贸易平台创设。在我国,专业的、国际化的地理标志贸易平台还属于凤毛麟角。在这方面,中华地标团队支持的"买地标全球集采服务平台"先行探索。我们希望这个平台可持续健康发展,并及时总结经验做法,以资国内外理论界和同行业借鉴。同时,我们更希望,类似的地理标志贸易平台能够不断涌现,创造出雨后春笋、百花齐放、万马奔腾的可喜局面。

第十章 中国地理标志品牌发展的十大趋势

中国地理标志品牌正伴随着中华民族的强国梦想日渐崛起，在消费升级的大趋势下，地理标志品牌有望成为中国经济增长的新动能、新力量、新引擎。中国特色社会主义进入新时代，为更好满足人民日益增长的美好生活需要，地理标志品牌责无旁贷、重任在肩。历史的经验需要系统总结，当前的发展需要大胆创新，未来的路径需要科学洞见。

总结归纳了中国地理标志品牌的十大发展趋势，其中一到五是中国地理标志品牌固有经济价值、社会价值的惯性发展，其中六到十是中国地理标志品牌趋势方向及未来工作思路的调整。

一、地理标志品牌将继续成为带动区域经济发展的抓手

中国的品牌产品，无一不是具有特定地标符号的产品，包括特定的地域品种、特定的地域环境、特定的地域种养方式、特定的地域文化历史传承、特有的营养价值。如东北的大米、新疆的棉花、河北的鸭梨等，正因千百年来与地域农业资源相匹配、与

地域种植习惯相适宜、与地域生态环境相适应而为世人所青睐。独特的地理标志区域性，不仅意味着资源的稀缺性、产品的唯一性、品质的独特性和不可复制性，而且是形成区域比较优势和竞争优势的基础。正所谓"橘生淮南则为橘，生于淮北则为枳"，从这个意义上讲，建设地理标志品牌，不仅是破解产品同质竞争困境的突破口，而且是充分发挥区域优势，打造区域专业化、标准化和特色化的重要抓手。

供给侧改革的方向是提高供给体系的质量、效益和竞争力，由此决定了地理标志品牌建设的显著重要性。2017年中央1号文件强调指出："要开展特色农产品标准化生产示范，建设一批地理标志农产品和原产地保护基地，推进区域农产品公用品牌建设，支持地方以优势企业和行业协会为依托打造区域特色品牌，引入现代要素改造提升传统名优品牌。"农业供给侧结构性改革强调的不仅是改善农产品的供给结构和质量，而且标示着农业必须走品牌化发展道路。这既是农业供给侧结构性改革与其他产业供给侧结构性改革的本质差别，也是农业现代化的基本方向。而农业的品牌化发展道路需要以地理标志品牌建设为大方向。

中国地理标志品牌将继续成为区域经济发展的抓手和着力点。以地理标志为核心的区域产业集群能够有效地促进区域品牌的形成。面对竞争日益激烈的国内外市场，产业集群试图在同质化中脱颖而出，推进区域品牌化发展是其首选之举。一方面，区域品牌是产业集群发展的产物，是产业集群核心竞争力的体现，地理标志作为区域产业集群的核心，其综合价值的发挥，能够有效地促进区域品牌建设，提升产业集群的市场竞争力。另一方面，产业集群本身就是一种很好的区域品牌，集群的发展和壮大能够有效地提升区域形象，促进区域品牌化发展。可见，区域产业集群促进了区域品牌的形成，而区域品牌又对产业集群产生强化作用，两者相互促进，相辅相成，共同推动区域农业经济的发展。

二、地理标志品牌将带动农民增收、农业增效与农村繁荣

从狭义上讲，地理标志品牌是三品（无公害农产品、生态农产品和有机农产品）的重要载体；从广义角度讲，地理标志品牌是特定区域的优势特色产品品牌。地理标志品牌内在的特殊品质往往具有良好的信誉度，在区域内有较高的市场占有率。其严格的技术规范和区域限定，与消费者崇尚健康消费和品牌驱动的叠加使得产品常常供不应求，也会产生溢价现象。人们希望通过品牌对产品、企业加以区别，通过品牌形成品牌追随，使品牌成为市场竞争的有力武器，使消费者形成了一定程度的忠诚度、信任度、追随度。

地理标志品牌有着巨大的经济价值，打造一个地理标志产品，往往就能形成多个品牌，带活一个产业，富裕一方百姓。地理标志品牌是发展"一村一品、一县一业"的宝贵资源，而"一村一品、一县一业"又是农村经济社会发展的成功模式之一，对发展农业生产，增加农民收入，促进农村生产关系的提升，有着十分重要的意义。一般来说，农户缺少自主权，个体农户没有能力去自行注册和使用商标，必须通过"公司+农户"的形式，才能享受到

商标的效益。协会是地理标志的管理主体，地理标志品牌可以改变这种情况，你在这个地方生产地理标志产品就可以使用地理标志商标，农户通过申请加入协会，实现对地理标志的使用，直接促进特色农业的发展，带动了农产品的规模化生产，实现农民增收、农业增效和农村繁荣。此外，进一步强化地理标志品牌对扶贫脱贫事业的巨大贡献，重视地理标志品牌的创建与使用，促进地方经济的发展，也给扶贫脱贫事业注入了新活力，让贫困户们找到了脱贫致富的新出路。

三、地理标志品牌将扮演国际贸易谈判的重要利益工具

"一带一路"建设是新形势下中国全方位构建对外开放新格局和互利共赢国际合作模式的新探索，是中国新一代领导人从世界形势出发，提出的全新的外交和国际合作理念。地理标志品牌独具特色的地域优势和历史文化，必将在"一带一路"建设中发挥重要作用，促进世界各国的贸易往来、文化交流和经济发展。地理标志一直以来都是国际贸易谈判的焦点问题，地理标志保护问题的对立和纷争不仅存在于发展中国家与发达国家之间，更明显存在于历史文化背景不同的发达国家之间。欧盟国家一向对地理标志的保护有强烈主张，与北美和澳大利亚间存在着很大的利益冲突。在世界贸易组织规则的框架之内，建立一个对所有成员都有约束力的地理标志的通告与注册多边体系，方向上是符合中国利益的。

地理标志品牌将扮演国际贸易谈判的重要利益工具。贸易可

以使双方的情况变得更好,国与国之间开展地理标志相关贸易,互通有无,意义重大。中欧地理标志合作协议就是非常成功、有益的尝试,根据该协议,双方将在地理标志产品中按照知名度、出口情况、经济效益、质量技术要求等原则,进行筛选、推荐及确认,最终对纳入协议的地理标志产品进行互认保护。2011年中欧"10+10"地理标志产品互认互保,2017年又推出中欧"100+100"地理标志产品互认互保,中国地理标志产品正式与欧盟互认后,产品进入欧盟的超市就像进入国内的超市一样高效便捷,并享受与欧盟地理标志产品同样的优惠政策。此项互认保护为推动中国优质地理标志产品"走出去"战略,形成国际知名品牌,推动企业国际化、品牌高端化,奠定了坚实的基础。试点项目实践证明,中国的地理标志产品保护制度符合国际公认的规则标准,其审查程序与技术要求完全可以实现与欧盟等地理标志专门保护制度发达的国家和地区之间的衔接,将对完善国内地理标志专门保护制度建设,提升中国地理标志保护产品的国内外知名度、促进地方经济社会可持续发展、扩大对外贸易产生重大影响。

四、地理标志品牌将有利于地理标志资源的共享与保护

地理标志品牌发展壮大的基础是中国丰厚的地理标志资源积累,地理标志品牌的发展与地理标志资源储备,二者相辅相成,相互促进。一方面,中国地理标志品牌的开发利用,迸发出巨大的经济价值、社会价值、生态价值、文化价值、旅游价值和教育价值,这些价值的逐步发挥作用的过程,激励着更多的地理标志

第十章
中国地理标志品牌发展的十大趋势

资源的保护，并努力由地理标志资源向地理标志品牌转化。另一方面，地理标志资源的共享，是地理标志品牌培育的储备库，体载着该地域土地精华的地理标志资源，是当地人民经过几百年甚至上千年的摸索而寻找到的人类文明与当地的土地等自然环境和谐统一的最佳结合点，这种适地适种的和谐统一，切实地体现并实践着现代科技所强调的特色经济和可持续发展。虽然受制于客观原因，暂时未能有效的开发利用，但其潜在价值凸显，吸引更多人关注。

例如农业部全国范围内开展农产品地理标志资源普查工作，是一项专业性、技术性和时效性很强的基础性工作，客观、真实，充分尊重产品独特品质、地理环境优势和人文历史，最终形成《全国地域特色农产品普查备案名录》，通过农产品地理标志资源普查工作，全面了解和掌握中国农产品地理标志资源现状，对具有特定品质和人文历史传承的地域特色农产品进行有计划、有重点的登记保护，以推动地域特色优势农产品地理标志整体开发和农业区域经济全面发展。正是由于地理标志品牌的快速发展，促使农业农村部科学有序的开展普查工作，并形成备案名录，吸引更多的社会力量介入其中，提前进行保护，形成更大的影响力。

五、地理标志品牌将有利于优秀传统文化的传承与发扬

地理标志是中国优秀传统文化的重要载体，蕴藏着丰富的历史文化与传统知识。地理标志品牌特殊品质除了与当地的环境因素相关联以外，还往往与产地的人文因素相关。因此，生产与销

售地理标志产品，培育与推广地理标志品牌，实际上就是推销产地的优秀历史文化。法国"香槟"就是一个成功的范例，在香槟酒誉满全球的同时，不仅法国的酒文化得到很好的宣传，法国的知名度与文化的影响力同样得到大幅度的提升。此外，不能忽视传统知识在生产中的运用，可以说，正是传统知识、传统工艺的使用，才使得地理标志产品有别于其他来源地的类似产品，地理标志品牌的发展可以充分调动区域内生产者学习传统知识的积极性，使其继承、发扬与积极传播凝结了多少代人心血的传统工艺。

地理标志品牌文化是建立在鲜明的品牌定位，并充分利用各种强有效的内外部传播途径，形成消费者对地理标志品牌在精神上的高度认同，创造品牌信仰，并最终形成强烈的地理标志品牌忠诚。地理标志品牌文化是中国传统文化的重要组成部分，发展地理标志文化是弘扬和传承中国优秀传统文化的有效途径，提升社会各界的地理标志意识，加强地理标志文化研究，推动地理标志文化成为国际交流新亮点。

"一带一路"建设为中国传统文化的传播和促进提供了新的契机，加快传统文化产业转型升级。地理标志在"一带一路"建设中对传统文化的传播和促进可谓是无心插柳的附带收获。为此，要把地理标志文化列入国家"一带一路"建设战略，大力推动和扶持地理标志文化发展，使传统文化"走出去"。

六、地理标志品牌将更加重视市场体系建设与国际推广

中国地理标志品牌发展前端是地理标志资源发掘，地理标志

产品认证、审批与保护，中端是地理标志品牌培育与宣传推广，后端是市场体系建设与国际推广。目前中国地理标志品牌在前段与中端的发展中，取得了巨大的成绩，产生了巨大的影响力，涌现了一大批有代表性的地理标志品牌，但在市场体系建设与国际推广上，是中国地理标志品牌发展相对的短板。

中国地理标志资源虽然不少，但在市场中形成高附加值的品牌不多，国内市场尚且如此，在国际市场的表现令人堪忧，除了极少数地理标志品牌（例如林芝松茸在日本的畅销），大多都尚未形成有力的竞争力，国际市场难以打开，甚至难以被认识。加快市场体系建设和国际推广，既是扩内需、转方式、惠民生的现实需要，更是中国从地理标志品牌大国向品牌强国转变，推动经济结构优化、提高市场运行效率、改进产品生产者和消费者福祉的重要环节。市场经济是中国特色社会主义的经济运行基础，建立和完善社会主义市场经济体制是中国进一步深化经济体制改革的一项重要内容。中国地理标志品牌的市场体系建设和国际推广，既需要政府部门给予足够的自由，同时也在市场失灵时给予适当的引导，实现"看不见的手"与"看得见的手"相结合。此外，积极发挥民间组织在经济建设和社会发展中的作用，尤其要扩大国际交往的渠道，在一些国际事务中发挥不可替代的作用。

七、地理标志品牌将促进地理标志保护模式的融合发展

目前，中国地理标志的保护制度是"混合型"的，多部门进行注册登记，管理比较分散，不仅增加了申报主体的认知混乱与

资源浪费，也影响了地理标志保护与发展的效果。

基于我国国情，地理标志品牌将促进地理标志保护模式的融合发展。统一地理标志注册登记机构，建立统一的地理标志品牌保护模式。例如以国家知识产权局为统一的注册登记机构，以《商标法》为品牌保护模式。从理论上看，地理标志是一种商业标记，是一种知识产权，这一本质属性决定通过《商标法》保护更可以充分地界定和反映其权利性质。通过证明商标或集体商标保护地理标志，一方面可以反映地理标志品牌"区域性"特点，即所有权与使用权的分离；另一方面通过赋予地理标志申请人所有权和保护区域内经营者使用权，不仅可以获得本应属于他们的垄断利润和侵权赔偿，还可以鼓励其积极保护地理标志品牌的动力。此外，商标管理机关已经总结出一套行之有效的证明商标和集体商标的保护制度，还有与之配套的司法解释，为不断完善地理标志品牌保护奠定了制度基础。

八、地理标志品牌将突破现有地理标志产品认证范畴

中国特色社会主义进入新时代，我国社会主要矛盾已经转化为人民日益增长的美好生活需要和不平衡不充分的发展之间的矛盾。新时代、新矛盾，新要求、新使命，中国地理标志品牌的发展必须适应新时代，正视新矛盾，顺应新要求，担当新使命。

在实践中，地理标志品牌能否超越地理标志产品认证的范畴，可以从两个方面有条件的突破，这里的有条件指的是与国际、国内地理标志话语体系相统一，但是不妨碍做大胆的设想。一是产

业地理标志品牌的拓展，新增工业地理标志品牌和文化地理标志品牌。工业地理标志品牌也可以叫做中国制造品牌，关键词是独特资源、产业传承、核心技术、工匠精神、市场商誉。二是文化地理标志品牌的拓展，指的是能够承载和传播中华民族伟大创造精神、伟大奋斗精神、伟大团结精神、伟大梦想精神，能够传递和增强中国文化自信，拥有经典中国风格和鲜明地方特色的文化品牌。

九、地理标志品牌将强化地方政府扶持及行业协会作用

地理标志品牌的可持续发展，要充分调动实施主体积极性，强化地方政府的扶持与行业协会的作用。

地方政府要加强地理标志资源发掘、申报与认证工作，进一步畅通地理标志工作的"绿色通道"，加大对地理标志恶意抢注的打击力度；加强对地理标志商标的运用的指导工作，充分发挥地理标志品牌的引领作用，推动区域经济发展；最后，还要加强地理标志品牌的维权工作，严厉打击地理标志侵权、假冒违法行为，加强对地理标志品牌的协调保护。

行业协会的宗旨在于协调和组织相关行业中的生产者与销售者，服务于行会成员并为行业或其成员谋取最大市场收益。通常行业协会都会通过一定的方式最大范围内的组织行业内相关企业，参与协商以形成共同行动实现行业利润的最大化。同时，我国的行业协会通常都是在政府的支持下建立的，所以这些农业行业协会天然的获得了同政府进行沟通交流的优势。在国际贸易层

面上，在WTO框架下行业组织可以牵头应对国际贸易争端，这样既保护了行业利益，保护了行业内部涉案的无力应诉的个体或少数企业，又能在国家不方便出面解决时，利用行业协会的雄厚实力和专业技术应对国家贸易方面的争端。具体而言，行业协会的具体作用有三点：组织行业成员，降低内部交易成本；加强信息流通，协调产销；开拓市场，维护权益。

十、地理标志品牌将依托保护基金等社会力量扩大影响

地理标志品牌已成为区域经济发展和农业增产、农民增收、农村繁荣的重要力量。为更好地实现地理标志品牌价值，应当发挥"地理标志品牌"保护基金等社会力量的作用，扩大社会影响力。

目前常用的基金形式有两种：一种是政府出资并主导的基金，主要是扶持政策型基金，包括中央政府出资并管理的基金和地方政府出资并管理的基金。中央政府出资并管理的基金主要用于全国范围内地理标志注册等相关协作工作，对地理标志产品、地理标志品牌发展的薄弱环节进行专项强大，对经济价值大、社会影响高、全国地域分布广的地理标志进行专项保护等，发挥地理标志品牌的综合价值。例如中华社会文化发展基金会于2016年成立的地理标志产业发展公益基金，就是属于国家公益性基金，地理标志产业发展基金的目标是系统、全面、深度挖掘地理标志产业文化，弘扬我国五千年农业文化精髓，支持地理标志产业创业项目，鼓励农村青年、大学生、退伍军人投身地理标志产业创业，加强青少年农耕文化教育，为地理标志产业品牌树立提供文化支

持，为农业现代化和全面建成小康社会添砖加瓦。另外一种是政府引导、社会参与的基金，主要是NGO型基金会，重点引导民间社会组织的积极性，长期发挥社会力量，专业保护地理标志品牌。

结　语

地理标志产品是地球母亲给予人类的最美礼物、人类劳动与智慧的壮丽结晶，地理标志产业是转换发展动能、造福国计民生的重要路径，地理标志品牌是联通地域与世界、塑造现在与未来的"国际通用语言"，地理标志文化是各美其美、美美与共的人类文明成果。祝愿中国地理标志事业更加繁荣昌盛！祝愿国际地理标志事业更好地造福人类社会！

主要参考文献目录

一、图书类

《毛泽东选集》（第一卷），人民出版社 1967 年版。

《毛泽东选集》（第五卷），人民出版社 1977 年版。

《毛泽东文集》（1-8 卷），人民出版社 1999 年版。

《毛泽东书信选集》，中央文献出版社 2003 年版。

《毛泽东外交文选》，中央文献出版社、世界知识出版社 1994 年版。

《决胜全面建成小康社会 夺取新时代中国特色社会主义伟大胜利》，人民出版社 2017 年版。

《习近平谈治国理政》，外文出版社 2014 年版。

《习近平二十国集团领导人杭州峰会讲话选编》，外文出版社 2017 年版。

《习近平关于社会主义经济建设论述摘编》，中央文献出版社 2017 年版。

《习近平谈治国理政》（第二卷），外文出版社 2017 年版。

《论坚持推动构建人类命运共同体》，中央文献出版社 2018

年版。

《论坚持全面深化改革》，中央文献出版社 2018 年版。

《习近平谈"一带一路"》，中央文献出版社 2018 年版。

《习近平关于"不忘初心，牢记使命"论述摘编》，党建读物出版社、中央文献出版社 2019 年版。

《习近平新时代中国特色社会主义思想学习纲要》，学习出版社、人民出版社 2019 年版。

中共中央宣传部理论局：《新中国发展面对面》，学习出版社、人民出版社 2019 年版。

[明]陈继儒：《致富奇书》，浙江人民美术出版社 2016 年版。

钱穆：《中国历代政治得失》，九州出版社 2014 年版。

钱穆：《国史大纲》，商务印书馆 1995 年版。

顾颉刚：《国史讲话：上古》，上海人民出版社 2015 年版。

顾颉刚：《国史讲话：春秋》，上海人民出版社 2015 年版。

侯外庐：《中国古代社会》，人民出版社 1955 年版。

范文澜：《中国通史简编》，人民出版社 1964 年版。

万国鼎：《中国田制史》，商务印书馆 2011 年版。

侯仁之：《北平历史地理》，外语教学与研究出版社 2014 年版。

任继周主编：《中国农业伦理学导论》，中国农业出版社 2018 年版。

鄢一龙、白钢、章永乐、欧树军、何建宇：《大道之行——中国共产党与中国社会主义》，中国人民大学出版社 2015 年版。

赵洪恩主编：《中国传统文化通论》，人民出版社 2016 年版。

许俊主编：《中国人的根与魂——中华优秀传统文化通识》，

人民出版社 2016 年版。

干春松：《中国文化简明读本》，中国社会科学出版社 2017 年版。

韩茂莉：《中国历史地理十五讲》，北京大学出版社 2015 年版。

关世杰：《中华文化国际影响力调查研究》，北京大学出版社 2016 年版。

中国科学院自然科学史研究所编著：《中国古代重要科技发明创造》，中国科学出版社 2016 年版。

潘富俊：《草木情缘：中国古典文学中的植物世界》，商务印书馆 2016 年版。

田晓忠：《宋代田赋制度研究》，中国社会科学出版社 2016 年版。

吴慧：《中国历代粮食亩产研究》，中国农业出版社 2016 年版。

张云、王慧军：《中国粟文化研究》，中国农业科技出版社 2014 年版。

《茶经译注》，文轩译注，上海三联书店 2014 年版。

彭成主编：《中华地道药材》，中国中医药出版社 2011 年版。

裴瑾主编：《中药资源学》，人民卫生出版社 2017 年版。

杨洁、邓子鲲编著：《中国传统医药文化》，南京大学出版社 2015 年版。

李磊：《中医文化史话》，上海科学技术出版社 2015 年版。

彭榕华：《中医文化地理论》，厦门大学出版社 2016 年版。

洪蕾、陈建萍主编：《中医药文化学》，科学出版社 2016 年版。

顾健主编：《中国藏药》，民族出版社 2016 年版。

主要参考文献目录

星全章：《藏医药学精要述评》，民族出版社2015年版。

王思明、李明主编：《中国农业文化遗产研究》，中国农业科学技术出版社2015年版。

中华农业科教基金会组编：《农业物种及文化传承》，中国农业出版社2016年版。

李建成：《中国粮食文化概说》，中国农业出版社2011年版。

孙润祥：《春种秋收——唐诗中的三农景况》，江苏大学出版社2014年版。

卢勇、唐晓云、闵庆文主编：《广西龙胜龙脊梯田系统》，中国农业出版社2017年版。

《中国地理标志产品大典》（分省市自治区各卷），中国质检出版社、中国标准出版社2015年版。

隋文香、李华、陈余：《农产品地理标志使用管理制度与实践》，中国农业出版社2015年版。

刘瑞峰：《新疆地理标志农产品——生产消费与政策》，中国农业出版社2010年版。

向明生：《农业区域品牌战略》，中国农业出版社2016年版。

邵万宽主编：《中国饮食文化》，中国旅游出版社2016年版。

程子衿主编：《天子的食单》，故宫出版社2016年版。

金受申：《口福老北京》，北京出版社2014年版。

姜俊贤主编：《中国餐饮产业发展报告》，中共中央党校出版社2018年版。

曹竑主编：《食品质量安全认证》，科学出版社2015年版。

陈椽编著：《茶业通史》，中国农业出版社2008年版。

刘勤晋主编：《茶文化学》，中国农业出版社2015年版。

王旭峰：《品饮中国——茶文化通论》，中国农业出版社2013年版。

霍红主编：《宝石资源与矿床》，化学工业出版社2017年版。

牛志春主编：《莱芜区域文化通览》（总览卷），中国图书出版社2013年版。

李涛、王思明、高芳：《中国地理标志品牌发展报告（2018）》蓝皮书，社会科学文献出版社2018年版。

李佐军主编：《发展绿色新动能经济——中国发展动力研究报告系列之三》蓝皮书，社会科学文献出版社2018年版。

毛嘉陵主编：《中国中医药文化与产业发展报告（2017-2018）》蓝皮书，社会科学文献出版社2019年版。

朱宇主编：《中国东北地区发展报告（2018）》蓝皮书，社会科学文献出版社2019年版。

台湾三军大学编著：《中国历代战争史》，中信出版社2013年版。

［英］亚当·斯密：《国富论》，宇枫编译，中国华侨出版社2018年版。

［英］汤因比：《历史研究》，曹未风译，上海人民出版社1966年版。

［英］杜希德：《唐代财政》，丁俊译，中西书局2016年版。

［美］亨利·基辛格：《论中国》，胡利平、林华、杨韵琴、朱敬文译，中信出版社2015年版。

［法］弗雷德雷克·马特尔：《主流——谁将打赢全球文化

战争》，商务印书馆2012年版。

［美］约翰·B.亨奇：《作为武器的图书》，蓝胤淇译，商务印书馆2016年版。

二、期刊类

《中国国家地理》

《中华遗产》

《国家人文历史》

《优质农产品》

《生态文明世界》

三、网站类

人民网

新华网

中国政府网

后　记

自从参与地理标志相关工作以来已有多年，虽然不断学习，但是总觉得对地理标志事业的认知还远远不够，需要进一步钻研和领悟，通过最近两三年以来的大量调研与实践，深刻体会到地理标志不仅仅是中华农耕文明的重要载体，更是助推区域文化、区域品牌，区域经济发展的重要抓手，是大自然馈赠人类的宝贵财富。

由于我国地理标志事业起步较晚，这就造成如下状况：首先，国民普遍存在着对地理标志（简称地标）概念认识不够，了解不深，保护意识与力度不够，保护模式也相对单一。相关的政府管理体制需要进一步完善。民间团体、行业协会，公益组织等机构的作用没有得到很好地发挥。其次，地标产业自身存在着发展体系不健全，产品科技化、工业化水平较低，知识产权运用与区域公用品牌价值开发较低，区域文化挖掘手段过于传统、创新严重不足，产品投入与市场供需的精准对接缺乏科学性，国际标准、国家标准，行业标准等规范化标准体系的发展还有很大的上升空间。最后，地理标志是国际化产物，在现有体系中，无论是国际标准、

后 记

游戏规则、市场交易等方面的话语权始终掌握在西方地理标志产业发达国家之手，严重制约着我国地理标志产品国际化、品牌国际化发展。因此，对于如何开创新的国际地标发展体系，争取更多的话语权，争夺更大的市场份额，输出更多的中国地理标志产品而言，讲好中国地理标志故事，打造中国地理标志品牌国际化的工作在此就十分重要，十分紧迫。

作者结合本职工作和较长时期的观察和总结，勇于发声，抛砖引玉，站在中华地标文化，地标品牌发展的角度，在本书中提出了一些探索性想法和实践路径，不足之处，恳请大家多批评，多指导。

本书在写作过程中得到了陈克剑、伽红凯等同志的帮助和支持，感谢研究出版社张立明同志和其他老师的指导，同时也参考了地理标志方面的重要文献与报纸期刊等公开报道的信息资料，在此不再一一列举，诚挚感谢。

美好的生活，总有标志性的美好事物相伴，将中华地理标志事业发展完善，使之得以传播，得以光大，既是沃养中国文化自信的土壤，更是培育文化自信的参天大树！